河北历代中医人物

张祥竞　周计春◎主编

全国百佳图书出版单位
中国中医药出版社
·北　京·

图书在版编目（CIP）数据

河北历代中医人物 / 张祥竞，周计春主编 . —北京：
中国中医药出版社，2021. 4
ISBN 978-7-5132-6755-7

Ⅰ . ①河… Ⅱ . ①张… ②周… Ⅲ . ①中医学-医生
-人名录-河北 Ⅳ . ①K826. 2-61

中国版本图书馆 CIP 数据核字（2021）第 025908 号

中国中医药出版社出版

北京经济技术开发区科创十三街 31 号院二区 8 号楼
邮政编码 100176
传真 010 - 64405721
河北品睿印刷有限公司印刷
各地新华书店经销

开本 880×1230 1/32 印张 9. 25 字数 213千字
2021 年 4 月第 1 版 2021 年 4 月第 1 次印刷
书号 ISBN 978-7-5132-6755-7

定价 49. 00 元
网址 www. cptcm. com

社 长 热 线 010 - 64405720
购 书 热 线 010 - 89535836
维 权 打 假 010 - 64405753

微信服务号 zgzyycbs
微商城网址 https：//kdt. im /LIdUGr
官 方 微 博 http://e. weibo. com /cptcm
天猫旗舰店网址 https：//zgzyycbs. tmall. com

如有印装质量问题请与本社出版部联系（010 - 64405510）
版权专有 侵权必究

《河北历代中医人物》
编委会

顾　问　李佃贵　段云波　姜建明　刘彦红
　　　　高维娟

主　编　张祥竞　周计春

副主编　方朝义　赵润生

编　委（按姓氏笔画排序）

于　淼　支　政　邓国兴　石　莹

白　霞　刘小发　刘琳琳　闫翠环

李仁玲　李会敏　何　莲　沈正先

张　颖　张婉悦　张慧康　陈　金

范卫进　赵志国　宫志强　袁　野

唐弘宇　梁玉磊　满　伟　薛文铮

火得薪以传，汇集河北历代医家，以显燕赵医学之盛，而察古今医术之变，功莫大焉！

李佃贵　二○二○年十一月二日

国医大师李佃贵题词

序　言

　　悠悠燕赵，名医辈出。河北历来不乏名医，不缺大家，河北历史上的名医和大家曾引领中医学的发展。西汉太史公司马迁《史记》是我国第一部纪传体通史，首次为医学家立传，即以扁鹊列传为题详述了扁鹊对中国医学发展所做出的突出贡献。扁鹊成为我国第一个有正式传记记载的医家，这就是战国时期河北任丘的秦越人扁鹊。扁鹊创立了四诊之法，并擅长内、外、妇、儿、针灸等科。与《黄帝内经》"拘于鬼神者不可与言至德"一脉相承，在巫医势力还很大的情况下，扁鹊公然倡导"信巫不信医不治"，与巫术决裂。

　　金元时期是我国医学学术大创新、理论大发展时期，"医之门户分于金元"，在时间上是金元，在地域上主要是在河北，出现了刘完素、张元素、李东垣等医家，他们勤于实践，创新理论，分别是河间学派、易水学派和补土派的鼻祖，引领医学发展。河间学派诊疗伤寒从火热立论，用药寒凉，突破了魏晋之后墨守宋代《局方》成规的保守风气，衍生出攻下派和滋阴派，引领了明清温病学派；易水学派创立了脏腑辨证体系和遣药制方理论，羽翼了伤寒的辨证体系，衍生出补土派和温补学派。金元河北医家承前启后，对中医理论的创新做出了巨大贡献。

晚清出现的王清任，从气血论治疾病，为临床提供多首活血化瘀的方剂，行之有效，至今广泛用于临床。还有张锡纯更是精研经典，重视实践，圆机活法，西为中用，为中西医汇通确立了"衷中参西"的思路，影响深远。

综观中国医学史的整个发展历程，河北医家和学派也是应重点和深入研究的。除了这些名家，还有诸多医者，或是临床高手，行医济世，而无著作传世，或是兼职习医，确有一技之长，在地方声名显著，或是宫廷御医，后来行医民间，这些医者的事迹多见诸地方史志，医学正史较少涉及，但他们的宝贵经验同样值得学习和继承，同样为燕赵医学重要的组成部分。

为了弥补医学通史对河北医者记载不全之缺憾，河北同仁查阅了大量的工具书、地方志，检索、摘录、汇编，最终完成《河北历代中医人物》一书。此书的编写是对河北历代中医人物的一次全面整理，书中共收载与中医相关人物512名，超过以往工具书，堪称河北中医人物之大全，具有很高的文献参考价值，为燕赵医学的研究提供了宝贵的史料，对弘扬燕赵医学意义十分重大。

本书编者怀着对中医浓厚的感情，怀着对燕赵医学继承和发展的责任感和历史使命感，焚膏继晷，爬罗剔抉，完成此书。这类书籍的编写，工作量大，繁复琐碎，非辛

苦勤劳、心恒志坚者不可终也！这种淡泊乐道的精神可贵
可敬，在此书即将付梓之际，乐为序以嘉之！

李经纬

于中国中医科学院中国医史文献研究所

时年九十二

前　言

　　河北是中医药文化大省，历史上名医众多，大家辈出。从战国时"医祖"扁鹊，到汉代"药王"邳彤，从北朝李密到唐朝张果，从宋代窦材到元代的窦默，代有名医。金元时期河北医家引领了医学的创新与发展，河北地区成为全国的医学中心，河间学派和易水学派两大学派产生于河北大地。明清时期河北医学继续发展，出现王清任、张锡纯等大家，重视实践，创立新方。河北历代的医家学派，精彩纷呈，花叶递荣。还有众多医者，他们虽未能名显医史，但也有不少身怀绝技、造福百姓的一方名医。历代中医人物是河北中医药文化的重要载体，河北医学的发展历程在他们身上得以体现。

　　我校将燕赵医学的继承和弘扬作为办学特色，从文献、临床、实验三个方向分工合作进行全面研究，文献研究梳理河北中医的发展历程和历代人物的贡献，将医家的思想和经验验之临床，并通过实验研究验证其科学性，协同、持续、深入地进行，最终使宝贵丰厚的燕赵医学得以弘扬，形成特色，提高中医服务能力，并在教学中得以体现。这样，有必要对河北历代中医人物进行一次全面的梳理，摸清家底，为临床和教学提供文献资料。

中医药文化建设是我在中医学院分管的工作之一，学校建设"河北中医文化馆"，从项目筹备到内容的策划我全程参与，在此过程中深深感受到对河北中医历史的研究、普及和弘扬有待加强，现有的研究工作至今没有对河北历史上的中医人物进行系统的梳理。当时心里就萌生一个愿望，在自己力所能及的情况下，一定要为中医做点事。让从业者和学生了解我省的中医人物，进而了解河北医家对中医理论所做的贡献，了解燕赵医学的辉煌。这个想法得到文献专家的认同，使我坚定了信心，并着手开始整理。

查阅现有文献，有徐延香老师编写的《河北医学两千年》、曹东义教授编写的《河北中医五千年》和刘亚娴教授编写的《燕赵当代名中医》，由于编撰的方向和重点不同、参考文献来源不同，只对部分人物进行了归纳。另有文献专家郭霭春编写的《河北医籍考》、李云编写的《中医人名大辞典》、李经纬编写的《中医人物词典》、陈邦贤编写的《中国医学人名志》等，这些书或以医籍为线索，或是对全国范围的历代中医人物进行整理，从河北角度来说，还不够全面。

由于行政工作繁忙，只能忙里偷闲，利用晚上、休息日和零散时间，虽然辛苦，但好之则乐之，乐之则不疲。我不是学中医出身，对文献整理边做边学，手头资料不足，我就从图书馆借、在网上买、向各地市文献馆求索，只要能找到的相关文献资料，就查阅摘录。经过不懈检索、摘录和梳理，几易其稿，终竟成编。本书共汇编了与中医相关人物 512 人，包括专职医生、兼职医生、御医、民间医生等，有一技之长能为患者解除疾病的人，只要见诸史志，同样予以收录。

本书的参考文献可分为三类：一是目录书和中医辞典：如《中国医籍考》《宋以前医籍考》《中国医籍通考》《河北医籍考》《中国分省医籍考》《中医人物词典》《中医人名辞典》《中国医学人名志》《中国医籍大辞典》《中国医籍续考》《宋元明清医籍年表》。二是医学史著作：如《河北医籍两千年》《河北医籍总览》《河北中医五千年》。三是河北省地方志（1949 年后编写，共计 275 部）：①科技志，共计 16 部，其中省级的科技志 2 部、地市级的科技志 10 部、县区级的科技志 4 部；②卫生志，共计 18 部，其中省级卫生志 1 部、地市级卫生志 10 部（张家口、承德、廊坊、衡水无单独志）、区县级的卫生志 7 部；③地方综合志，共计 219 部，其中地市级地方志 15 部、区县级地方志 204 部；④其他人物志等，共计 22 部。虽然我们已用心尽力，但还有可能有所遗漏。学力造诣所限，难免存在一些错误，恳请同道批评指正！

本书在编写过程中，多次征集校内外医史文献专家的意见，他们为本书的风格定位、书名确定、人物取舍，甚至排列顺序、章节划分都诚恳地提出了大量宝贵且细致的意见。学校图书馆、各地档案馆、中医医史文献教研室为本书编写提供了大量珍贵资料，在此谨致谢忱！尤其感谢王振瑞教授的鼎力相助！承蒙不弃，路志正国医大师为拙作题写了书名，著名文献专家李经纬老师进行了审阅，并欣然为本书作序。晚辈肃然敬之，不胜感激！

张祥竞

2021 年 3 月于石家庄

凡　例

　　本书所收河北历代中医人物，以现在河北行政区划分为准，其籍贯历史上属外省，现在属河北，予以收录；历史上属河北，现在归外省，不予以收录；籍贯不属河北，但在河北有工作经历并有医学贡献者，也予以收录。

　　每个医者依次介绍其生卒年代、职业、字号、籍贯、简要事迹、社会影响和主要著作。每个条目之下，列出主要参考文献，以备检索。

　　对于疑难字酌情随文附有注音，对于疑难词在条目下予以注释，需要说明和解释的问题在条目下加有按语。

　　本书的编写，主要是文献资料的汇编，重点介绍人物专长和贡献，内容尽量忠实于原始资料。对于明显错误者，则径予改正。

　　所收河北中医人物以时间为序排列，分朝代汇编。每个朝代下的医者仍以时间为序，对于生卒年代不详的，则参以笔画排序。对于家族世医者，属同朝代的则集中介绍，先父兄后子弟；不同朝代者，则分别在不同朝代介绍。

　　书后附有参考文献和笔画索引，以备检索。

目　　录

春秋战国时期

扁　鹊

扁鹊，春秋末期著名医学家。姓秦，名越人，渤海郡鄚 [mào]（今河北任丘）人，约生活于公元前5世纪。相传远古时以扁鹊为名医号。秦氏医术精湛，治病多奇效，故被誉称为扁鹊。少时为人舍长，适有长桑君过扁鹊舍，经多年观察，得长桑君信任，授以医术禁方（秘方）。精于诊断，尤长望诊和脉诊，掌握多种治病方法，如病在腠理用汤熨，病在血脉施针砭，病入肠胃用酒醪。史载其还擅用外科手术。临床各科，均有所长。行医随俗为变，至邯郸为"带下医"（妇科），居洛阳为"耳目痹医"（五官科），过咸阳则为"小儿医"（儿科），遍游各地，医名甚著。《史记》又载曾用针刺、药熨、汤剂等综合疗法而愈虢 [guó] 太子"尸蹶 [jué]"垂死重症，善用望诊而知齐桓侯病患之浅深和判断预后等。在《史记》《战国策》《列子》等书中都有他的传记和病案。汉代史学家司马迁赞之曰："至今天下言脉者，由扁鹊也。"后世视之为医家之祖。战国时巫术盛行，越人首倡"六不治"之说，抨击"信巫不信医"之风，又力主养生防病，其思想至今仍有参考价值。后被秦太医令李醯 [xī] 所妒杀。劳动人民世世代代怀念扁鹊，各地修了很多药王庙或扁鹊庙来纪念他。

著有《扁鹊内经》九卷、《扁鹊外经》十二卷、《扁鹊肘后方》三卷、《扁鹊陷冰丸方》一卷、《扁鹊脉髓》《扁鹊脉经》《扁鹊针灸经》一卷、《扁鹊针传》一卷、《扁鹊偃侧针灸图》三卷、《扁鹊镜经》一卷、《扁鹊疗黄经》一卷、《天元玉册洁》十卷、《太始天元玉册洁》十卷、《扁鹊秘诀》一卷、《枕中秘诀》三卷、《子午经》《指归图》《玉龙歌》《难经注疏》一卷、《图注八十一难经定本》一卷等书。现存《黄帝八十一难经》（简称《难经》）盛传于世。

参考文献：《史记·扁鹊仓公列传》《汉书·艺文志》《太平御览·疾病部》《风俗通义》《列子·汤问》《直斋书录解题》《崇文总目》《古今伪书考》《古书真伪及其年代》《历代医书丛考》《中医人物词典》《中医人名辞典》《河北医籍总览》《畿辅通志》《任丘市志》《内丘县志》。

秦汉时期

元　俗

元俗，西汉隐士、医生。亦称玄俗，西汉河间（今河北河间）人。据传，常食巴豆、云母。素日卖药于都市，七丸一钱，能治百病。河间王病瘕［jiǎ］①，买药服之，下蛇（当系寄生虫类）十余头而愈。王欲以女妻之，元俗连夜逃去，隐于常山下。

参考文献：《列仙传》《历代名医蒙求》《医学入门·历代医学姓氏》《古今医统·历世圣贤名医姓氏》《中医人名辞典》。

崔　寔

崔寔［shí］（？—约170），东汉官吏。字子真，父崔瑗，东汉涿郡安平（今河北安平）人。少好典籍，官至尚书，卒于灵帝建宁（168—171）中。知医，著有《太医令箴》《四民月令》②，均佚。

参考文献：《太平御览》《后汉书·崔寔传》《中医人物词典》《安平县志》。

---

① 瘕：此指腹中生长寄生虫。
② 《四民月令》为中国现存最早的两部农业科技书籍之一（另一部是西汉的《氾胜之书》）。其中含有中草药种植的内容。

台 佟

台佟，东汉隐士。字孝威，魏郡邺（今河北临漳）人。不仕，隐于武安山，凿穴为居，采药自业。建初中，州辟不就。刺史行部，乃使从事致谒。佟载病往谢。刺史乃执贽见佟曰："孝威居身如是，甚苦，如何？"佟曰："佟幸得保终性命，存神养和。如明使君奉宣诏书，夕惕庶事，反不苦邪？"遂去，隐逸，终不见。

参考文献：《太平御览》《中医人物词典》《武安县志》。

邳 彤

邳彤，东汉官吏，皇封药王。字伟君，信都郡信都（今河北省衡水市冀州区）人。父邳吉为辽西太守。生于官宦之家，自幼怀有仁爱之心，立志学医，以济世救人，父延请名医施教，邳彤聪慧过人，学习不倦，未出三年便可独立问诊。访名医，救治百姓，不索酬谢，被誉"神医"。为求济世大业，匡复社稷抱负，后弃医从仕，辅佐刘秀，累官至左曹侍中（相当于宰相）。常为民医病，深受爱戴。建武六年（30），卒于祁州，顺民意，葬于此，诏"立祠以祀之。"

北宋太平兴国年间（976—984）祁州建立"药王庙"。北宋建中靖国元年（1101）宋徽宗追封其为"灵贶［kuàng］侯"，旋封"灵贶公"。南宋咸淳六年（1270），度宗赵禥祷封邳彤为"明灵昭惠显佑王"。邳彤死后千年封为"药王"，这也是历史上的独有一次。清朝时体仁阁大学士刘墉又特为"药王庙"书匾。今安国市区药王庙尚存，祀药王邳彤。安国因药王而发展成为北方地区最大的中药材交易市场。

参考文献:《安国药王庙》《祁州志》《后汉书》《河北省志·人物志》。

三国两晋时期

张　华

　　张华（232—300），晋代博物学家。字茂先，范阳方城（今河北固安）人。汉留侯张良之后，父张平，曾任渔阳郡守，早亡。西晋时期政治家、文学家、藏书家。累官至司空。张华少年孤贫，牧羊为业，其聪慧睿智，博闻强识，文采超群，品德高尚。学识渊博，兼通经方、本草，凡方技之书，莫不详览。张华工于诗赋，辞藻华丽。编纂有中国第一部博物学著作《博物志》十卷，载有本草及其他医学知识。原书已佚，现存由后人搜集而成。

　　参考文献：《中医人物词典》《固安县志》。

南北朝时期

许 奭

许奭［shì］，南北朝北周医家。高阳（今河北高阳）人。先仕梁为中军长史，后随柳仲礼（字仲立，南朝梁大臣）入长安，与姚僧垣（字法卫，医学家，曾任南朝梁宫廷的御医）齐名。史称许奭、姚僧垣方药特妙，皆一时之美。子许澄，亦以医术显。

参考文献：《中医人物词典》。

许道幼

许道幼，南北朝梁医家。高阳（今河北高阳）人。仕于梁，官至员外散骑侍郎。幼年因母疾习览经方，遂精医术，时号名医。尝告诫其子许景曰："为人子者，尝膳视药，不知方术岂谓孝乎？"由是，世相传授医术。其孙许智藏，为隋代名医。

参考文献：《中医人物词典》《高阳县志》《隋书·许智藏传》《历代名医蒙求》。

许 景

许景，南北朝梁医生。河北高阳人，名医许道幼之子，景从父习医，梁武陵王时（552）任谘议参军，其子许智藏，以医名世。

参选文献：《中医人名辞典》《隋书·许智藏传》。

李 亮

李亮，南北朝北魏医家。阳平馆陶（今属河北馆陶县）人。少习医，未能精究。太武帝时（424—451）投奔刘义隆于彭城，又从沙门僧坦学艺，略尽其术，针灸授药，罔不有效。后行医于徐、兖间，多所救恤。亮尝大为厅事，供病者居住，死者则置棺殡葬，亲往吊视，仁厚之名播于宇内。曾任府参军都护，本郡士门、宿官皆与之相交，车马金帛，酬贲甚多。子李元孙、李修皆遵父业，以李修最优。

参考文献：《北史·李修传》《魏书·李修传》《中医人物词典》《中医人名辞典》。

李元孙

李元孙，南北朝北魏医生。阳平馆陶（今属河北馆陶县）人。父亮、弟李修均为名医。元孙学父业不及父，曾随毕众敬赴平城，以功拜奉朝请。

参考文献：《中医人物词典》《中医人名辞典》《魏书·李修传》《北史·李修传》。

李 修

李修（？—500），南北朝北魏医家。字思祖，阳平馆陶

（今属河北馆陶县）人。名医李亮之子。李修继承父学，亦精医术。尝任中散令，迁给事中。太和（477—499）中，常在禁内，高祖文明太后时有不豫，修侍针药多效，与徐成伯同齐有名。李修曾集诸学士及工书法者百余人，在东宫主编《药方》百余卷，刊刻于世，今佚。曾任太医令，卒，赠威远将军、青州刺史。子李天授，亦知医。

参考文献：《魏书·李修传》《魏书·高允传》《北史·李修传》《隋书·经籍志》《医学入门·历代医学姓氏》《中医人物词典》《中医人名辞典》。

李天授

李天授，南北朝北魏医生。阳平馆陶（今属河北馆陶县）人。太医令李修之子。天授袭父爵任汶阳令。通晓医学，技不如其父。

参考文献：《中医人物词典》《中医人名辞典》《魏书·李修传》。

李　密

李密，南北朝北齐官吏。字希雍，平棘（今河北赵县）人。青州刺史李焕之子。北齐天宝（550—559）初，封襄州刺史、容城县侯。卒，赠殿中尚书、济州刺史。密性方直，以孝闻。因母病积年，名医疗之不愈，乃勤习医方，洞晓针药，遂精医术，母疾亦经疗得除，由是以医知名。撰有《药录》两卷，今佚。

参考文献：《北齐书·李元忠传》《北史·李子雄传》《历

代名医家求》《畿辅通志·艺文略》《直隶赵州志》《河北医籍考》《中医人名辞典》《中医人物词典》。

李 潭

李潭，南北朝北魏医生。清河（今属河北清河）人。与周澹〔dàn〕同时，以擅针知名。

参考文献：《魏书·周澹传》《中医人物词典》《中医人名辞典》。

李元忠

李元忠，南北朝北齐官吏。赵郡柏人（今河北隆尧县）人。安州刺史李显甫之子。元忠少有志操，以孝义知名。东魏兴和（539—542）末年，拜侍中。东魏武定年（545），卒于任，终年六十岁。谥敬惠。粗览书史，兼及阴阳、术数、鼓筝，有巧思。早年因母老多病而致力于医药，研习积年，遂精其术。性仁恕，凡以疾求治者，不问贵贱，皆为救疗。

参考文献：《太平御览·方术部》《北齐书·李元忠传》《北史·李元忠传》《中医人物词典》《中医人名辞典》《河北省志·人物志》。

李同轨

李同轨（约500—546），南北朝东魏官吏。赵郡高邑（今属河北高邑县）人。体貌魁岸，学综诸经，兼通佛理，又好医术。二十二岁，被举为秀才。累官中书侍郎。武定四年

（546）卒，终年四十七岁。赠骠骑大将军、瀛州刺史，谥号康。

参考文献：《中医人物词典》《中医人名辞典》《魏书·李熙族孙同轨传》《北史·李义深传》《河北省志·人物志》。

程天祚

程天祚（？—466），南北朝宋官吏、针灸学家。冀州广平（今河北鸡泽县）人。有武力，为殿中将军。元嘉二十七年（450）助戍彭城，战败被俘，因妙善针术，受北魏拓跋焘爱赏，封南安公。后逃归宋为山阳太守。著有《程天祚针经》六卷、《灸经》五卷，均佚。

参考文献：《中医人物词典》。

崔季舒

崔季舒，南北朝北齐官吏、名医。字叔正，北齐博陵安平（今河北安平县）人。北魏鸿胪卿崔瑜之之子。季舒少年丧父，性明敏，涉猎经史，长于尺牍，为当世才子。年十七岁任州主簿，为北齐神武帝（高欢）所器重，擢拜中书侍郎。文宣帝时，官至侍中，兼尚书左仆射仪同三司。武成王（高湛）为太子时患病，文宣帝以季舒精医，令往治之，获良效。后主（高纬）时，韩长鸾诬告季舒谋反，被杀于含章殿。季舒素好医术，每于政暇锐意精研，虽位望转高，未曾懈怠，故为当时国手。平生活人甚众，虽贫士、仆役亦为之治疗。

参考文献：《北齐书·崔季舒传》《北史·崔季舒传》《中医人名辞典》。

崔　浩

崔浩（？—450），南北朝后魏官吏。字伯渊，后魏清河东武城（今河北清河县）人。他出身士族，父宏，吏部尚书。浩聪明好学，善文学，明经史，通天文，知历数。曾注释《五经》，制订《五寅元历》。历任光禄大夫、抚军大将军（只为提高其地位，并不统兵）、太常卿、司徒等职。一生读书不倦，著述繁多。著有《食经》九卷，今佚。在《齐民要术》《太平御览》及王祯的《农书》等书中对其内容有所收录，有四十多条，涉及食物储藏及肴馔制作，如"七月七日作法酒方""蒸熊法"等，内容相当丰富。

参考文献：《魏书·崔浩传》《畿辅通志·艺文略》《河北医籍考》《河北省志·人物志》《清河县志》《中医人名辞典》《北史·崔浩传》《新唐书·艺文志》《旧唐书·艺文志》。

崔　彧

崔彧〔yù〕，南北朝时期北魏名医。字文若，清河东武城（今河北故城县）人①。出身清河崔氏，父崔勋之，字宁国，位至北魏大司马外兵郎，赠通直郎。彧与兄相如俱自南入国。

---

① 一说山东武城人。东武城县是西汉建置的古县，属冀州清河郡，因左冯翊有武城县，为避同名，故加"东"字进行区别，东武城县治所在卫运河以西，今河北省故城县南部地区，西晋太康年间去掉"东"字，改称"武城县"，沿用至新中国成立以后，1964 年（一说 1965 年）武城县被拆分，绝大部分土地都划入了今河北省故城县（郑口镇以南），今山东武城县续用武城县之名，但辖境大部分地区实为 1956 年被拆分的山东恩县地区。

相如以才学知名，早卒。或少尝诣青州，逢隐逸沙门，教以《素问》《九卷》及《甲乙》，遂善医术。中山王英子略曾病，王显等不能疗，或针之，抽外即愈。后位冀州别驾，累迁宁远将军。性仁恕，见疾苦，好与治之。广教门生，令多救疗。其弟子清河赵约、渤海郝文法之徒咸亦有名。

或子景哲，豪率，亦以医术知名。为太中大夫、司徒长史。

参考文献：《中医人名辞典》《北史·崔或传》《魏书·崔或传》。

崔景哲

崔景哲，南北朝北魏医生。字豪率，清河东武城（今河北故城县）人。宁远将军崔或长子。或精于医术，景哲得父传，亦以医术知名。仕于魏，任太中大夫、司徒长史。弟崔景凤、子崔同均精医术。

参考文献：《中医人名辞典》《北史·崔或传》《魏书·崔或传》。

崔景凤

崔景凤，南北朝北魏医生。字鸾叔，清河东武城（今河北故城县）人。宁远将军崔或次子。景凤精于医学，官至尚药典御。兄崔景哲，亦以医术知名。

参考文献：《中医人名辞典》《北史·崔或传》。

崔 冏

崔冏〔jiǒng〕，南北朝北魏医生。字法峻，清河东武城（今河北故城县）人。魏太史大夫司徒长史崔景哲之子。自幼好学，博览经传，于家传医学外，尤工相术。初仕于魏，任司空参军。齐天宝（551—559）初，任尚药典御。累迁高阳太守、太子家令。武平（570—575）中，为散骑常侍。官至鸿胪卿。

参考文献：《中医人名辞典》《北史·崔彧传》。

赵 约

赵约，南北朝北魏医生。河北清河县人。名医崔彧弟子。赵约与渤海郝文法俱从崔氏学医，皆有名于时。

参考文献：《中医人物词典》《中医人名辞典》《魏书·崔彧传》。

郝文法

郝文法，南北朝北魏医生。北魏渤海（今河北南皮县）人。受业于崔彧，与赵约均有医名于时。

参考文献：《中医人物词典》。

许 晖

许晖，南北朝北齐医生。高阳（今河北高阳）人。父许

遵，明《易》善筮，兼晓天文、医术。从父学术数，得授妇
人产法。武成（559—560）时，以此术累获赏。

参考文献：《中医人物词典》。

隋朝时期

行　矩

　　行矩，隋朝僧人、医家。一作行智，俗姓李，隋唐间赵郡（今河北赵县）人。善医识药。著有《诸药异名》十卷，已佚。

　　参考文献：《隋书·经籍志》《新唐书·艺文志》《旧唐书·经籍志》《畿辅通志》《中医人物词典》《中医人名辞典》。

宋　侠

　　宋侠，隋唐间医家。洺州清漳（今河北肥乡县东）人。北齐东平王孝正之子，以医术名于时。唐初官至朝散大夫、药藏监。尝撰《经心录》（一称《经心方》）十卷（一作八卷），原书已佚。其部分内容尚散见于《外台秘要》《医心方》等。据《河北医籍总览》记载另著有《耆婆所述仙人命论方》三卷、《婆罗门药方》五卷、《西域波罗仙人方》四卷、《乾陀利治鬼方》十卷、《四海类聚方》二千六百卷、《南域名医所集要方》四卷、《西域诸仙所说药方》二十三卷、《龙树菩萨药方》四卷、《香山仙人药方》十卷、《波罗门诸仙药方》二十卷、《隋炀帝敕撰四海类聚单要方》三百卷、《新录乾陀利治鬼方》四卷等。今均未见。

　　参考文献：《旧唐书·宋侠传》《新唐书·甄权传》《旧唐书·经籍志》《新唐书·艺文志》《历代名医蒙求》《广平府

志·附传》《中医人物词典》《中医人名辞典》《河北医籍考》
《河北医籍总览》。

许 澄

许澄，隋朝医家。高阳（今河北高阳县）人。父许奭及
宗人许智藏均有医名，随柳仲礼入长安，与姚僧垣齐名，拜上
仪同三司。澄博学多识，克传父业，尤尽其妙。历任尚药典
御、谏议大夫，封贺川县伯。许澄父子均以医术名重于周、隋
两朝。澄著有《备急单要方》三卷，已佚。

参考文献：《中医大辞典》《中医人物词典》《中医人名辞
典》《高阳县志》《北史·许智藏传》《隋书·许智藏传》《医
学入门·历代医学姓氏》。

许智藏

许智藏（约537—617），隋朝医家。高阳（今河北高阳）
人。祖许道幼为梁代名医。许智藏从青年时起，便以医术高超
名闻遐迩，且因此而达官，先仕陈任散骑常侍。陈灭后，隋文
帝任用为员外散骑侍郎。开皇二十年（600），许智藏奉旨到
扬州，正遇秦孝王杨俊病危，隋文帝派人召许智藏为其医治。
秦王俊夜间梦见已故妃子崔氏哭着说："本应迎接你，但听到
许智藏将要来到。这个人如果到，势必被他害苦，怎么办
呢？"第二天夜里，秦王俊又梦见崔氏说："我找到办法了，
可以入心中躲避。"等到许智藏到来，诊脉后说："病已入心，
不可救也。"果如其言，杨俊数日而亡。皇帝为表彰他医术高
明曾赏赐其绸缎百匹。

大业元年（605），许智藏辞官回乡。时隋炀帝每有疾病，就令中使来询访，或以辇迎入宫殿，扶登御床，凡许智藏所开药方，无不奏效。后，一直行医于本乡土，年八十岁卒于家。宗人许澄，亦以医术显。

参考文献：《中医人物词典》《中医人名辞典》《高阳县志》《隋书·许智藏传》《医学入门·历代医学姓氏》。

杨 玄

杨玄，生平不详，隋朝河间（今河北河间）人。著《黄帝明堂经注》三卷。

按：《中医人名辞典》《中医人物词典》《河北医籍总览》等均无杨玄的个人信息。仅《河北医籍考》中引述了《畿辅通志》中记载：《黄帝明堂经注》三卷，隋杨玄撰，见《唐书·艺文志》，玄河间人。按《旧唐志》云：《黄帝明堂经》三卷，杨玄孙撰注。此杨玄是否是杨玄操或杨玄孙待考。

参考文献：《河北医籍考》《中国分省医籍考》《畿辅通志》。

唐朝时期

晏 封

晏封，唐代道士。唐代乾宁军（今属河北青县）人①。撰有《制伏草石论》六卷，已佚。

参考文献：《新唐书·艺文志》《宋史·艺文志》《崇文总目·医书类》《国史经籍志》《中医人名辞典》。

崔玄亮

崔玄亮（768—833），唐代官吏。一作元亮，字晦叔，磁州昭义（今河北磁县）人。祖籍博陵郡安平县，出自博陵崔氏的博陵第三房。贞元十一年（795）登进士第。元和（806—820）初，被荐入朝，再迁监察御史，转侍御史，出为密湖曹三郡刺史。大和（827—835）初，入为太常少卿，四年（830）拜谏议大夫，迁右散骑常侍。大和七年（833），授虢［guó］州刺史，是年七月卒，时六十六岁。赠礼部尚书。玄亮晚岁好黄老清静之术，兼知医方。著有《海上集验方》十卷，已佚。

参考文献：《旧唐书·崔玄亮传》《新唐书·崔玄亮传》《新唐书·艺文志》《宋史·艺文志》《广平府志》《中医人物

---

① 乾宁军为地名。唐乾宁中置，治今河北省青县。以年号为名。

词典》《中医人名辞典》《河北医籍考》。

崔行功

崔行功（？—674），唐代官吏、医家。恒州井陉（今河北井陉县）人。北齐巨鹿太守崔伯让曾孙，自博陵徙居恒州。行功自少好学，文才出众。唐高宗时，累转吏部郎中，兼通事舍人，坐事，贬为游安县令。未久，征为司文郎中。咸亨（670—673）中为秘书少监。上元元年（674）卒于官。行功博学多识，一生留下不少著作。据《唐书·艺文志》记载，他除参与四部群书、《晋书》的校理、编写工作外，还与人合作撰写了《文思博要》十二卷。他的著作有《崔行功集》六十卷。行功兼通医学，医学著作有《崔氏纂要方》十卷、《千金秘要备急方》一卷，均佚。

参考文献：《旧唐书·崔行功传》《新唐书·崔行功传》《新唐书·艺文志》《畿辅通志·艺文略》《井陉县志料·人物》《中医人物词典》《中医人名辞典》《河北医籍考》《井陉县志》《宋书·艺文志》。

李 绛

李绛（764—830），唐代官吏、文学家、医家。字深之，赵郡赞皇（今河北赞皇县）人。以进士授翰林学士，知制诰。宝庆（1225—1227）初，拜尚书左仆射。文宗继位，召为太常卿，以检校司空任山南西道节度使，累封赵郡公。大和四年（830），奉旨率军至蜀平蛮，未半途，兵变而卒，时年六十七岁，赠司徒，谥"贞"。绛曾编辑《兵部手集方》三卷，已佚。

参考文献：《新唐书·李绛传》《宋史·艺文志》《国史经籍志》《赵州志》《赞皇县志》《中医人物词典》《中医人名辞典》《河北医籍考》。

张 果

张果（？—约733），唐代道士。号通元先生，又号姑射山，晦其乡里，隐居于中条山，往来汾、晋间。善调气息，能累日不食，世人传言其有长生秘术。武后遣使召之，不往。玄宗令通事舍人裴晤往迎，至而气绝而仆，久之乃苏，后屡遣人迎请，始至东都，帝亲问道理及神仙、方药之事。后乞归，居于恒山，擢银青光禄大夫。玄宗为造"栖霞观"，不知所终。今平山、井陉间，庐山、百华山有祠、有洞，又有上驴、下驴院寺，乏驴岭，其遗址也。著有《气诀》《伤寒论》《神仙得道灵药经》《丹砂诀》各一卷，均佚。今有《玉洞大神丹砂真要诀》一书存世，题为张果撰。

按：《新唐书》记载：张果，号通玄先生。一说恒州中山（今河北定州）人。

参考文献：《旧唐书·张果传》《新唐书·张果传》《畿辅通志》《中医图书联合目录》《中医人名辞典》《河北医籍考》《保定人物志》。

刘禹锡

刘禹锡（772—842），唐代官吏、文学家、医家。字梦得，中山无极（今河北定州市）人。唐贞元九年（793）举进士，又中博学宏词科，授监察御史，历任连州、和刺史。晚年迁太子宾客，官至检校礼部尚书。禹锡为唐代著名诗人，风格通俗流利，多感伤愤时之作。兼通医理，辑有《传信方》二卷，已佚。

参考文献：《旧唐书·刘禹锡传》《新唐书·艺文志》《畿辅通志》《定县志》《河北医籍考》《中医人名辞典》。

刘　词

刘词（891—955），唐官吏、医家。字好谦，唐末至五代时元城（今河北大名县东）人。梁贞明间（915—920），投奔邺帅杨师厚，以勇悍闻。唐庄宗时，列于麾下。后周世宗时，官至永兴军节度使，兼侍中，行京兆尹事。显德二年（955）卒于镇，时六十五岁，谥"忠惠"。刘氏辑有《混俗颐生录》二卷，今存《道藏》本。

参考文献：《旧五代史·周书·刘词传》《五代史记·刘词传》《宋史·艺文志》《中国丛书综录》《中医人名辞典》。

贾　耽

贾耽（730—805），唐朝中期宰相，地理学家、政治家。字敦诗，沧州南皮（今河北南皮县）人。唐朝天宝（742—755）年间举明经，后官至宰相。好读书，至老益勤，于阴阳杂数无不通晓。尤通地理，著有多种地理图，并有《备急单方》一卷和《医牛经》一卷，均佚。其四世孙贾黄中为宋初名臣，曾主编《神医普救方》。

参考文献：《天津府志》《中医人物词典》《河北医籍考》

《中医人名辞典》《新唐书·艺文志》《崇文总目·医书类》
《宋史·艺文志》。

李 勣

李勣［jì］（594—669），唐朝官吏。本姓徐，名世勣，字
懋功，曹州离狐人（今山东东明县)①，唐高祖李渊赐姓李。
后避太宗李世民讳，遂单名勣。官至尚书右仆射。兼通医药，
高宗时任司空，显庆二年（657），奉诏与苏敬、于志宁等编
撰《新修本草》二十卷，行于世。另自撰有《本草药疏》《脉
经》一卷，均佚。

按：一说离狐在今大名府东明县南。

参考文献：《河北医籍考》《畿辅通志》《中医人物词典》
《中医人名辞典》《新唐书·李勣传》《新唐书·于志宁传》
《崇文总目》。

李 翱

李翱（772—841），唐朝文学家、哲学家。字习之，赵郡
（今河北赵县）人。一说为唐陇西成纪（今甘肃秦安东）人。
李翱是唐德宗贞元（785—804）年间进士，曾历任国子博士、
史馆修撰、考功员外郎、礼部郎中、中书舍人、桂州刺史、山
南东道节度使等职。著医学作品《何首乌传》。

参考文献：《畿辅通志》。

---

① 光绪十年《畿辅通志·艺文略》：李勣，字懋功，曹州离狐人，本徐氏，
赐姓李。官至尚书仆射。

五代十国时期

刘 叟

刘叟，五代后唐医生。佚其名，自号刘山人，魏州成安县（今河北成安县）人。善医卜，卖药于民间。后唐庄宗帝之皇后之父。因以医卜为业，刘皇后拒之不认，故仍行医于民间。

参考文献：《五代史记·唐太祖家人传·皇后刘氏》《五代史记·伶官传》《中医人物词典》《中医人名辞典》。

孟 昶

孟昶［chǎng］（919—965），五代后蜀皇帝。初名仁赞，字保元，祖籍邢州龙冈（今河北邢台西南）。后蜀高祖孟知祥第三子。五代时后蜀第二代皇帝。昶幼好方药，母后病，屡更太医不效，自制方药进之，遂愈。群臣有疾，亲召诊视，医官亦服其神。曾令翰林学士韩保昇等取《新修本草》并《图经》参校删定，稍增注释，成《蜀本草》（即《重广英公本草》）二十卷，已佚，其佚文收入《证类本草》等。

参考文献：《旧五代史记·孟昶传》《古今医统·历世圣贤名医姓氏》《中医大辞典》《中医人物词典》《中医人名辞典》。

宋朝时期

元 达

元达（952—993），宋代名医。原名守炅［jiǒng］，鸡泽（今河北鸡泽县）人。知医善药，尤擅制犀粉，法与众异。其法先解犀为小块，方一寸许，以极薄纸包裹，纳杯中，近贴肉，候人气重蒸洽，投臼中急捣，应手如粉。

参考文献：《游宦纪闻》《中医人名辞典》。

卢 昶

卢昶，宋代医学家。人称卢尚药，祖籍霸州文安（今河北文安县），后迁至大名（今河北大名县）。幼传家学，勤于诵读，研习岐、黄、雷、扁等数百家著述，熟读孙思邈《千金方》，治病多验，医名传于黄河以北。政和二年（1112），补太医奉御，奉旨校正《和剂局方》。累迁尚药局使。著《医镜》五十篇，今佚。又有《伤寒片玉集》三卷，方技之外复达治心、养性之妙，如云人生天地中，一动一息皆合阴阳自然之数。著《易说》五十篇，今未见。卒年八十七。元好问铭其墓。

参考文献：《大名府志》《顺天府志》《中医人物词典》《中医人名辞典》《河北医籍考》。

李 昉

李昉［fǎng］（925—966），北宋官吏、文学家。字明远，五代至北宋间深州饶阳（今河北饶阳县）人。后晋时以荫补斋郎，选授太子校书，后汉乾祐（948—950）间进士，为秘书部。后周时官至屯田中，翰林学士。宋初，加中书舍人，年七十岁特进司空。至道二年，陪帝祀于南郊，礼毕入贺，因拜舞仆地，数日而卒，时年七十二岁。赠司徒，谥"文正"，人谓"三入翰林"。奉敕撰《太平御览》《文苑英华》《太平广记》等。其中《太平御览》记载有大量的医药内容。兼通本草之学，于开宝七年（974）与王祐、扈蒙等审定《开宝重定本草》二十卷，目录一卷，已佚。

参考文献：《宋史·李昉传》《宋史·艺文志》《崇文总目》《中医大辞典》《中医人物词典》《中医人名辞典》《河北医籍考》《畿辅通志》。

苏澄隐

苏澄隐，宋代道士、医家。一称苏澄，道号栖真子，真定（今河北正定）人，居龙兴观。精医道，善养生，年八十余尚健，寿至百岁。为当时良医，研究本草有独到之处。著有《婴孩宝鉴方》（一作《婴童宝镜》）十卷，已佚。

参考文献：《宋史·艺文志》《太平御览·疾病部》《世善堂藏书目录》《国史经籍志》《河北医籍考》《中医人名辞典》《畿辅通志》。

郝 允

郝允，生卒未详，宋代医家。博陵（今河北定州）人。少时代兄征河朔，不堪其役，遁去。一道士见而怜之，授以医术，遂业医。晚迁郑圃，世人以神医称之。皇祐间（1049—1053）卒。谙"六元五运"法，尤长脉诊。行医四十余年，所活甚众。性敦实，有不可治者，必先说明。民间多传其治疗奇病医案。尝读《黄帝内经》，患王冰注解或有不明，每以朱墨笺注于下。太医申受、赵宗古等尝从其学医。子怀质，尽得其传，亦精脉诊。

参考文献：《闻见前录》《闻见后录》《医学入门·历代名医姓氏》《历代名医蒙求》《中医人物词典》《中医人名辞典》。

郝怀质

郝怀质，宋代医生。北宋博陵（今河北定州）人。邑名医郝允之子，怀质尽得父传。精方脉，能预决病者生死。尝自诊其脉，语人曰："我当暴死。"不数年，果暴亡。

参考文献：《闻见后录》《中医人名辞典》。

葛怀敏

葛怀敏（？—1042），宋代官吏。真定（今河北正定县）人。耀州知州葛霸第三子。以荫授西头供奉官，加阁门祗侯，官至泾原路马步军副总管，兼泾原、秦凤两路经略安抚副使。庆历二年（1042），西夏进犯，怀敏兵败而亡。赐谥"忠隐"。

怀敏旁涉医学，辑有《神效备急单方》（亦名《葛怀敏单方》）一卷，已佚。

参考文献：《宋史·葛怀敏传》《宋史·艺文本》《通志·艺文略》《中医人名辞典》。

刘 翰

刘翰（919—990），北宋官吏、医家。五代至宋初沧州临津（今河北沧县）人。世医出身，初任护国军节度巡官，周显德（954—959）初，诣阙［què］献《经用方书》三十卷、《论候》十卷、《今体治世集》二十卷，世宗嘉之，命为翰林医官，其书付史馆。后加卫尉主簿。宋太祖北征，曾命刘翰从行。建隆（960—962）初，加朝散大夫、鸿胪寺丞。时太常寺考较翰林医官，以刘翰为优，绌其不精者二十六人。开宝五年（972），太宗在藩邸有疾，命翰与马志诊视，获愈，迁尚药奉御，赐银器、缗钱、鞍勒马。开宝六年（973），翰奉诏与道士马志、医官翟煦、张素、吴复圭、王光佑、陈昭遇等同编《开宝新详定本草》二十卷。凡《神农本草经》三百六十种、《名医别录》一百八十种、《唐本草》先附一百一十四种、有名无用一百九十四种。新增药品一百三十五种，总计药品九百八十三味。后加升检校工部员外郎。太平兴国四年（979），命为翰林医官使，再加检校户部郎中。雍熙二年（985）因判断滑州刘遇疾病预后失误，受责降为和州团练副使。端拱初（988）起为尚药奉御。淳化元年（990）复为医官使。是年卒，年七十二岁。

参考文献：《宋史·刘翰传》《天津府志》《宋史·艺文志》《崇文总目》《医学入门》《本草纲目·序例》《畿辅通

志》《沧县志》《中医人名辞典》《中医人物词典》《河北医籍考》。

贾黄中

贾黄中（941—996），宋代官吏。字娲民，贾耽第四世孙，沧州南皮人。幼聪悟，六岁举童子科，年十五，举进士，授校书郎、集贤校理等职。太宗时（976—997）官至礼部侍郎，参知政事。多识典故，素嗜文学。太平兴国六年（981）于崇文院编录医书。雍熙三年（986）与宗讷、刘锡、吴淑、吕文仲、杜镐、舒雅等合撰《神医普救方》一千卷，目录十卷，今佚。另《中国医籍大辞典》记载著有《至道单方》。

参考文献：《中医人物词典》《河北医籍考》《畿辅通志·艺文略》《沧州市志》《中医人名辞典》《宋史·艺文志》《崇文书目·医书类》《国史经籍志》。

宋　绶

宋绶［shòu］（991—1040），宋官吏。字公垂，赵州平棘（今河北赵县）人。其父宋皋，曾任尚书度支员外郎、直集贤院等职。绶幼聪警，为外祖杨徽之所器重。徽之无子，家藏书悉与之。绶母亦知书，每躬自训教，故博通经史百家。幼承家学，曾官尚书、吏部侍郎、工部侍郎兼侍读学士等。因平棘为汉代常山郡治所，故称常山宋氏，后人称"宋常山公"。藏书万余卷，皆亲自校雠［chóu］。宋校正医书局翰林医官副使赵拱等参校《诸病源候论》后，复由宋绶题词撰序传世。

参考文献：《中医人物词典》《东都事略》《宋史》。

陈达叟

陈达叟，宋代词人。清漳（今河北肥乡）人。撰《本心斋蔬食谱》（简称《蔬食谱》一卷。该书是以记述蔬菜制作为主的专门书籍，《本心斋蔬食谱》记当时他认为鲜美的、无人间烟火气的素食二十品，每品都配有十六字赞。另有《中朝食谱》，著录于《丛书举要》，今佚。

参考文献：《中医人物词典》。

窦　材

窦材（约1076—1146），宋代官吏、医家。真定（今河北正定）人。曾任开州巡检，迁武翼郎（一说曾任太医）。绍兴十六年（1146）著《扁鹊心书》三卷，附"神方"一卷。今存清人胡钰参订本。述灸刺、各科杂症及单方，其中麻醉方剂（以曼陀罗为主药）为后人所重。清初经胡珏参订始见流传，已掺入后人伪托之文。

参考文献：《中医图书联合目录》《畿辅通志》《中医人名辞典》《中医人物词典》《河北医籍考》。

丁　颙

丁颙［yǐ］，宋朝医生。贝州清河（今河北清河）人，精医术。其孙丁度，字公雅，宋仁宗任尚书省左丞。

参考文献：《清河县志》。

韩祗和

韩祗和，北宋医生。生平里居不详。于《伤寒论》颇有研究，撰有《伤寒微旨论》二卷，成书于元祐丙寅（1086），原书已佚。清人从《永乐大典》中辑出，复成完帙，重刊于世。据《伤寒微旨论》病案记载，韩氏曾于"邢磁二郡"（今河北邢台、磁县），"怀卫二郡"（今河南沁阳市、卫辉市）及"滏阳"（在今河北境内）等地行医。

参考文献：《中医人名辞典》《直斋书录解题》《四库全书总目提要》《河北中医五千年》。

辽代时期

韩匡嗣

韩匡嗣，辽代官吏。蓟州玉田（今河北玉田）人，中书令韩知古之三子。匡嗣精于医术，入值长乐宫，皇后视之如子。应历十年（960）任太祖庙详稳。乾亨二年（980）授西南面招讨使。卒，追赠尚书令。

参考文献：《辽史·韩匡嗣传》《中医人名辞典》《中医人物词典》《河北省志·人物志》。

直鲁古

直鲁古（915—1005），辽代医生。吐谷浑人。初，太祖破吐谷浑，一骑士弃橐［tuó］反射，不中而去。及追兵开橐视之，中得一婴儿，即直鲁古也。因所俘者问其故，乃知射橐者婴之父也。世善医，虽马上视疾，亦知标本。意不欲子为人所得，欲杀之耳。由是进于太祖，淳钦皇后收养之。长亦能医，专事针灸。太宗时，以太医给侍。尝撰《针灸脉诀书》《直鲁古针灸书》，行于世，今佚。年九十卒。

按：1. 直鲁古，非汉族，籍贯不详。《承德府志》有记载。

2. 吐谷［yù］浑（313—663），亦称吐浑，中国古代西北民族及其所建国名。

　　参考文献：《承德府志》《河北医籍考》《医籍考》《中国分省医籍考》。

金元时期

刘完素

刘完素（约1110—?），金代著名医学家，金元四大家之一。河间（今属河北河间）人，世称"刘河间"。字守真，号通玄处士、宗真子。生于洋边村（今肃宁县师素村）。幼年丧父，家境贫寒。北宋政和七年（1117）因水灾随母逃难，定居河间十八里营村（今河间市刘守村）。

少聪敏，博学多识，嗜好医书。一生行医民间，不肯为官，金章宗三聘不赴，赐号"高尚先生"。其学术主张，拉开了金元时期医学争鸣的序幕。二十五岁时深研《黄帝内经》，经三十余年钻研理论与临床实践，至晚年终于触类旁通，有所领悟。学术见解颇多独创，甚有益于医学理论探讨与争鸣。其立说依据多本于《内经》，在运气学说研究与火热病机阐发方面卓有贡献。尝谓"一身之气，皆随四时五运六气兴衰，而无相反"。承认运气分主四时的正常规律，又认识到运气有常有变，指出研究运气学说应当着眼于风、寒、暑、湿、燥、火对疾病发生和发展之影响，并创用五运六气作为疾病分类纲领。运用《内经》运气亢害承制之理论分析病理变化之本质和现象。并阐发《素问》病机十九条，强调火热致病，根据北人体质及热性病流行之特点，总结治疗经验，反对套用古方，力排《局方》用药燥热之偏，善用寒凉药，收效甚佳，对后世治疗温热病很有启发。治病多以降心火、益肾水为主。

因其治疗热病善用寒凉药，被后世称为寒凉派之代表人物。他首创的"防风通圣散"，至今仍为治疗表里俱实及外科病毒之良方。

著述甚多，代表作有《素问玄机原病式》一卷（1182）、《黄帝素问宣明论方》（简称《宣明论方》）三卷（后人扩为十五卷）以及《素问病机气宜保命集》（1186）。另有《素问要旨论》（亦称《内经运气要旨论》）一卷。各种目录书中还收录其所撰《伤寒直格》三卷、《伤寒标本心法类萃》两卷、《三消论》一卷、《保童秘要》两卷、《素问药注》《习医要用直格并药方》《河间刘先生十八剂》一卷、《治病心印》《刘河间医学》《三朝名医方论》等。其中某些书是否为其所作尚有争议。弟子有穆子昭、荆山浮屠及马宗素、董系、刘荣甫等，再传弟子（如刘吉甫、潘阳坡等）与私淑者更多，形成医学史上所称"河间学派"。刘完素辞世后，保州、河间十八里营、肃宁洋边村都建庙宇纪念，河间十八里营更名刘守村，肃宁洋边村更名师素村。明正德二年（1507），敕封刘完素为"刘守真君"。明万历年间（1600）师素村刘守庙扩建为刘守真君庙。正月十五、三月十五师素庙会延续至今。

参考文献：《金史·刘完素》《医学入门》《畿辅通志》《医藏书目》《百川书志》《补元史艺文志》《补辽金元艺文志》《四库全书总目提要》《拜经楼藏书题跋记》《中医各家学说》《河北医籍考》《中医人物词典》《中医人名辞典》《河间府新志》《河间县志》《沧州市志》。

张元素

张元素，金代医学家。字洁古，又称"易水先生"，易州

（今河北易县）人。自幼习儒，八岁举神童。二十七岁试经义进士，犯庙讳下第。乃去而学医，苦研经年，精通其术。《李濂医史》称：完素尝病伤寒八日，头痛脉紧，呕逆不食，元素往候，令服某药，完素大服，如其言遂愈。元素自此显名。元素治病不用古方，谓曰："运气不齐，古今异轨，古方新病，不相能也。"自为家法云。善化裁古方，创制新方。辨药性味之厚薄阴阳、升降浮沉，倡归经及引经报使说，拟定"脏腑虚实标本用药式"等，于中药理论每多阐发。李时珍称"大扬医理，灵素之下，一人而已"。著有《医学启源》两卷、《洁古注叔和脉诀》十卷、《洁古珍珠囊》一卷、《脏腑标本药式》一卷及有关针灸专篇。另有《医方》三十卷、《产育保生方》《洁古本草》《洁古家珍》《补阙钱氏方》《药注难经》（或疑托名）等，仅见书目著录。子璧，继其业。门人李杲、王好古，皆得其传。私淑者众，世称"易水学派"。

参考文献：《金史·张元素传》《医学启源·序》《古今医统·历世圣贤名医姓氏》《四库全书总目提要》《直隶易州志》《补辽金元艺文志》《畿辅通志》《中医人物词典》《中医人名辞典》《河北医籍考》。

李庆嗣

李庆嗣，金代医家，洺州（今河北永年县）人。少举进士不第，弃而学医，读《素问》诸书，洞晓其义。天德（1149—1152）年，广平（今属河北广平）大疫，贫者往往阖门卧病，携药与米分送，救活甚众。著《伤寒纂类》四卷、《考证活人书》三卷、《伤寒论》三卷、《针经》一卷、《医学启元》等，均佚。卒年八十余。

参考文献：《金史·李庆嗣传》《世善堂藏书目录》《医学入门·历代医学姓氏》《中医人名辞典》《中医人物词典》《畿辅通志》《永年县志》《广平府志》。

李 谷

李谷，元代医家。号东斋，河北大名人。通百家书，尤精医学，曾任怀庆路医学提举。子李敬恒，传父业。

参考文献：《大名县志》《中医人名辞典》。

李敬恒

李敬恒，元代名医。河北大名县人。怀庆路医学提举李谷之子。敬恒绍传父学，亦业医。

参考文献：《大名府志》《中医人名辞典》。

李 杲

李杲（1180—1251），金元著名医家。字明之，晚号东垣（老人），真定（今河北正定）人。金元四大家之一，"补土派"代表人物。

少通《春秋》《书》《易》，博闻强记，尝援例任济源监税官。初，杲母患疾，为庸医杂治而死，迄莫知为何证。杲自伤不知医理，闻易州张元素以医知名燕赵间，遂捐千金从之学，历数年尽得其传。李杲以治伤寒、痈疽、眼目病为所长，时称为神医。杲家道豪富，不以医问世，人亦不敢以医名之。士大夫亦因其资性高謇，少所降屈，非危急之疾，不敢谒请。

杲殚心研究《内经》《伤寒论》诸医典，不墨守古训，故群医束手之病，每能着手成春。元壬辰（1232）避兵东平（今属山东），与著名文学家元好问交好，甲辰（1244）归乡里。

时值战乱，为饮食劳倦及忧思所伤者甚多，乃撰《内外伤辨惑论》三卷（1231）、《脾胃论》三卷（1249）。据《内经》四时皆以养胃气为本之旨，强调土为万物之母，脾胃为生化之源，人以胃气为本。"内伤脾胃，百病由生。"其治重在调理脾胃，补中益气，以滋化源。自制补中益气、升阳益胃诸汤方。倡"甘温除热"法以解饮食劳倦虚人外感发热，故后世以宗李杲补脾胃之学术流派为"补土派"。其论伤寒，有"三禁"说（经禁、时禁、病禁），尤推崇张仲景、朱肱、张元素，且撰《伤寒会要》，以期见证得药，见药识证。原书凡三十余万言，今佚。得张元素传，亦精辨药制方，明药物之补泻升降、归经法象，所制方多至一二十味药，而君臣佐使、相制相用，条理井然。晚年以所学及著述，传于弟子罗天益，且云："此书付汝，非为李明之、罗谦父，盖为天下后世，慎勿湮没，推而行之。"杲以辛亥年卒，年七十二。

另撰有《兰室秘藏》三卷、《用药法象》一卷、《东垣试效方》九卷。题为李杲撰者有《保婴集》《伤寒治法举要》《活法机要》（或作朱丹溪撰）、《东垣心要》《万愈方》一卷、《医说辨惑论》《医方便儒》三卷、《李杲医书》《李东垣药谱》一卷、《医学法门》九卷、《灵台秘藏》五卷等。《珍珠囊补遗药性赋》（或名《东垣珍珠囊》《药性赋》）四卷，亦题李杲著，一般认为系托名。

参考文献：《元史·李杲传》《新元史·李杲传》《本草纲目·引据古今医家书目》《卫生宝鉴·序》《畿辅通志》《藁城县志·罗天益传》《四库全书总目提要》《医藏书目》《医

学入门·李杲传》《历代医书从考》《畿辅通志》《河北医籍考》《中医人物词典》《中医人名辞典》。

王好古

王好古，元代著名医药学家，生卒年不详。字进之，号海藏，河北赵州（今河北赵县）人。性识明敏，博通经史，举进士。金元年间，战争不断，天灾频仍，饿殍遍野，疾病流行。他曾自学中医多年，对仲景著作用心研读，然而有许多问题疑惑不解。后得师事李东垣，尽得其传。他学成之后，在家乡一带行医，名震乡里。他继承并弘扬张元素和李东垣的学术思想，成为"易水学派"的重要医家之一。

金章宗泰和年间（1201—1208），蒙古兵南下攻金，河北百姓为避兵燹，大量南徙，仅徙居河南的即有数百万口。李杲、王好古也先后离开家乡，迁移河南。好古随金军行医数载，除予兵将治病外，潜心研究，于1231年完成他第一部医著《医垒元戎》。今存《医垒元戎》十二卷，以十二经为纲，首述伤寒，附以杂证。以仲景之学为宗，参元素、东垣之说，主张"随脉察病，逐脉定方"。

1234年金亡后，河北局势相对稳定，流徙外地的民户陆续迁回。王好古也返回赵州，任赵州教授，兼提举管内医学。这一时期他正当壮盛之年，精力充沛，于公务、医病之余，博览医学名著，采众家之长，述研治之得，撰写了《伊尹汤液仲景广为大法》《阴证略例》（成书于1236年）、《汤液本草》（成书于1238年，总论录东垣类法象、用药心法，中下卷载药238种）、《本草实录》（1239年撰，内容略同于《汤液本草》的总论，录五脏苦欲补泻、药类法象、用药法象、用药心法、十二经向导图、治法纲要、用药宜忌等)、《斑论萃英》(为儿科学著作,分六部分,即疮疹标本、洁古老人斑论、海藏老人斑论、未显、已显斑论症所用药、疮疹轻重候,立升麻葛根汤、犀角地黄汤等 30 方)《钱氏补遗》《医家大法》《活人节要歌括》《三备集》《光明论》《标本论》《伤寒辨惑论》《仲景详辨》《痘疹论》《十二经要图解》《小儿吊论》《海藏老人此事难知》《仲景一集》《辨守真论》《解仲景一集》等二十余部,对医学的原理,用药的规范,疗养的宜忌,强身的要旨,均有详尽的论述。王好古创立了"阴证学说",对阴证的病因、病机,做了详细分析,力主用药温补,使脏腑日臻完善。他以此理论为指导,救治了众多患者。他医德高尚,行医于华北一带,上自将军,下至庶民,莫不一视同仁,竭尽心力。

王好古一生孜孜不倦,到垂暮之年,笔耕不辍,又以神农本草、伊尹汤液为医家之正学,议药二百四十二种,汇集金元药理学说主要成就,于用药宜忌及方剂配伍方面尤多心得。在 1298 年撰写了《汤液本草》,1308 年撰写了《此事难知》两卷,辑李东垣之说居多,于伤寒证治尤详,总结毕生研究医理的心得。

参考文献:《医藏书目》《补元史艺文志》《四部总录·医药编》《四库全书总目提要》《医学入门》《中国医籍考》《河北医籍考》《中国医学大成·总目提要》《古今名医言行录》《中医人物词典》《中医人名辞典》。

张 璧

张璧,金元间医家。号云岐子,易州(今河北易县)人。

名医张元素之子，璧绍传父业，名著当时。撰《云岐子脉法》（全称为《云岐子七表八里九道脉论并治法》），参《内经》《脉经》、仲景脉法理论、后世有关论述及其家传脉学，分述七表八里九道脉主病及方治，颇多新见。又著《云岐子保命集论类要》（或简称《伤寒保命集》《云岐子保命集》），分述伤寒六经病证，伤寒主方、变方适应证及杂症。上两书后编入《济生拔粹》。另撰《脉谈》《医学新说》《叔和百问》《云岐子论经络迎随补泻法》（又名《洁古云岐针法》）一卷，流传较广。

参考文献：《古今医统·历世圣贤名医姓氏》《中国医籍考》《中医大辞典》《中医人物词典》《中医人名辞典》。

窦 默

窦默（1196—1280），金元间政治家、教育家、医家。原名窦杰，字子声，又字汉卿，广平肥乡（今河北肥乡县）人。幼知读书、有大志。元兵伐金，全家死于乱军，默与母幸存。不久，母病殁，元兵复至，乃避兵于河南母族吴氏。老医王翁妻以女，遂以医为业。后寓居蔡州，遇名医李浩，浩授以"铜人针法"，遂以针术救人。一说曾得道人丘长生之传。金帝迁蔡州，默恐元兵复至，乃徙于德安。嗣后，取儒家之书读之，归隐于大名。与姚枢、许衡，朝暮讲习性理之学。与名医罗天益亦有交往。元世祖（忽必烈）为太子时，闻默之名，遣使召之，默变易姓名不出。世祖微服造门访之，不得已乃拜迎。世祖问以治世之道，应答称旨，乃令随侍左右，命皇子（真金）从之学。中统元年（1260）授翰林侍讲学士。因直谏不纳，托病归乡。中统三年（1262）召还，复原官。至元十

七年（1280）加昭文馆大学士。是年卒，时八十五岁。追赠
太师，封魏国公，谥"文正"。

著有《针经指南》（或名《窦太师针灸》）《八穴真经》
《流注指要赋》（或名《通玄指要赋》）《窦太师流注》《标幽
赋》《指迷赋》《六十六穴流注秘诀》《铜人针经密语》（经王
开父子增注后为《增注医镜密语》）一卷，另有《玉龙歌》
《龙髓经》《医论》《外科全书》等。元王开，悉传其术。《医
藏目录》载其《疮疡经验全书》十三卷，传为其裔孙窦梦麟
所辑。其时有一同姓同字（汉卿）医家，亦以医显。元代学
者多称窦默为"北窦"。子窦履，集贤大学士。

参考文献：《元史·窦默传》《古今医统·历世圣贤名医
姓氏》《中医图书联合目录》《四库全书总目题要》《中医人
物词典》《中医人名辞典》《广平府志》。

罗天益

罗天益（约1220—1290），元代著名医学家。字谦甫，真
定路藁城（今河北藁城）人。幼承父训，攻读诗书。及长，
逢乱世，弃儒习医。时名医李杲（字明之）年迈，欲传道后
世，而艰于其人。杲友人周都运荐举天益，杲召其至，问曰：
"汝来学觅钱行医乎？学传道医人乎？"天益曰："亦传道耳。"
遂就学。居门下十余载，尽得其妙。杲临终，取平日所著书，
列于几前，嘱天益曰："此书付汝，非为李明之、罗谦甫，盖
为天下后世。慎勿湮没，推而行之。"杲殁，天益设祠奉之，
三十年如一日。后为太医。遵师令，分经论证而类之方。经
研摩订定三年，三易其稿而成《内经类编》，今佚。至元三年
（1266），以所录东垣效方类编为《东垣试效方》九卷。又撰

集《卫生宝鉴》二十四卷（1283），讨论方、药（包括药治失误病例阐析）及药理，附列验案。另著《药象图》《经验方》，均佚。

参考文献：《元史·李杲传》《古今医统·历世圣贤名医姓氏》《内经类编·序》《卫生宝鉴·序》《宋元明清名医类案·罗谦甫先生传》《藁城县志》《正定府志》《畿辅通志》《中医人物词典》《中医人名辞典》《河北医籍考》。

郭大巨

郭大巨，元代名医。河北开州人。少遇异人授以脉诀，后以医知名晋魏间。子郭隆，亦负盛名。

参考文献：《大名府志》《中医人名辞典》。

郭　隆

郭隆，元代名医。河北开州（今河北大名）人。邑名医郭大巨之子。隆得父传，以医知名于晋魏间。

参考文献：《大名府志》《中医人名辞典》。

麻九畴

麻九畴（1183—1232），金代医家。字知几，易州（今河北易县）人。三岁能识字，七岁工书法，能写数尺大字，世以神童称之。弱冠入太学，有文名。及廷试，因误被黜，遂隐居。后赐进士第，授太常寺太祝，权博士，迁应奉翰林文学。晚年更喜医，与名医张子和游，尽传其学。且为张子和修润

《儒门事亲》等。

参考文献：《金史·麻九传》《医学入门·历代名医姓氏》《中医人物词典》《中医人名辞典》。

常仲明

常仲明（1178—1251），金代医家。名用晦，饶阳（今属河北）人，一作镇阳人。曾任真定（今河北正定）府学教授。兴定（1217—1222）中从名医张从正习医。参与整理《儒门事亲》，又撰《伤寒心镜》（一名《张子和心镜别集》），共七篇，议双解散用法、伤寒治法、传经及亢害承制诸事。又摭张子和遗意，编《治法心要》一卷（即邵氏刊本《儒门事亲》第十三卷）。子德，继其术。

参考文献：《中医人物词典》。

常 德

常德，金代医生。常仲明之子，金代饶阳（今河北饶阳县）人。名医张从正门人。著有《伤寒心镜》（又名《张从正心镜别集》）一卷，刊于世，今存。

参考文献：《中医人名辞典》《李濂医史·张从正传》《医藏书目》《四库全书总目提要》。

程 辉

程辉（1114—1196），金代官吏。字日新，金代蔚州灵仙（今河北蔚县）人。皇统二年（1142）进士，授尚书省令史，累迁南京路转运使，官至参知政事。承安元年（1196）卒，谥"忠简"。辉偶侻敢言，喜杂学，尤好论医。推崇河间刘完素之说，治病率用凉药。

参考文献：《金史·程辉传》《中医人物词典》《中医人名辞典》。

蒋安中

蒋安中，金代医家。魏州（今河北大名县东）人。官至国子助教，因直谏不纳，弃官攻医。后世子孙均以医知名。其孙蒋应茂，迁居扬州仪征。曾孙蒋梦雷，官扬州路医学教授。

参考文献：《李濂医史·蒋用文传》《中医人名辞典》。

蒋应茂

蒋应茂，元代医家。魏州（今河北大名县东）人。迁居江苏仪征。得祖父蒋安中之传，精于医术。子蒋梦雷，任扬州路医学教授。其孙蒋伯雍为元末进士，官至崇州通判。重孙蒋武生（字用文），为明初名医。后世蒋主善、蒋主敬、蒋主孝、蒋主忠，皆工医术。

参考文献：《李濂医史·蒋用文传》《中医人名辞典》。

韩公麟

韩公麟（1253—1319），元代医官。字国瑞，真定（今河北正定）人。父精医，公麟世其业。元世祖召见，示以西域药，所答符实，授尚医。治世祖老年疾患，升御药局副使。成宗即位（1295）后为太医院副使，又进嘉义大夫、金书太医院事。成宗晚年寝疾，曾进言"治世莫如爱民，养身莫如寡欲"，帝嘉纳之。后官至秘书卿，昭文馆大学士。延佑六年卒，时年六十七岁。

参考文献：《新元史·许国桢传》《中医人物词典》《中医人名辞典》。

窦行冲

窦行冲，生卒不详，元代医生。字和师，真定（今河北正定县）人。曾结识名医罗天益，得读天益之师李杲之书，后以医知名。元世祖（1260—1294）征为尚医。

参考文献：《新元史·李杲传》《中医人物词典》《中医人名词典》。

颜天翼

颜天翼（1190—1254），元代医官。字飞卿，邢台内丘人。祖籍为舞阳天福山人。其祖父年幼时因兵乱为鄅城世医冯氏所养，以后，颜天翼及其祖父、父亲、叔父都业医。颜天翼资禀聪悟，从少年时就精于医术并酷爱道家之学，青年时就开始了他的医学生涯，他治病不择贫富，以药疗之，应时而愈。医术精湛，医德高尚，事迹卓越。

颜天翼任太医二十年，年老乞归于邢州，元帝赐其宅一区，田千亩，并主管鹊山神应王庙事。颜天翼于元仁宗延祐元年（1314）卒于邢。葬于白圭乡东原，即邢台城西六里韩家演庄之西。终年六十四岁。元代李槃［pán］曾为其墓撰"神道碑"。

参考文献：《内丘县志》。

刘　因

刘因（1249—1293），元代官吏。初名骃，字梦骥，后改名因，又字梦吉，号静修。容城（今属河北容城）人。至元十九年（1282），诏征为右赞善大夫，后以母疾辞归，再征不就，隐三台、安州任教。师道尊严，因材施教，所授子弟皆有成就。学者称其静修先生，众仰之，奉为名贤，并在三台建静修先生祠。兼读医书。有《读药书漫记》一文，谓药物入人体，"随其气类而之焉，盖其原一也"，即据药物外形、性味，推断其在体内流通部位与作用。这反映金元医家以象形比类推论药理之一斑。另著有《静修集》《四书集义精要》等。

参考文献：《中医人物词典》《白洋淀志》。

张道人

张道人，金代医家。常山（今属河北）人。藏有《通玄类证》两卷（或作三卷），据传得自异人。书中阐释《伤寒论》之微言要旨，故又名《伤寒类证》。张以此书授宋云公，大定三年（1163）由宋作序并刊行。

参考文献：《中医人物词典》。

冀致君

冀致君，元代人，居燕赵间（河北一带）。尝于医生李宁处见李师圣《产育宝庆集》，遂附益《御药院病杂方论》《月产图》《体玄子借地法》《安产藏衣方位》，更请诸名医复加校正，成《校附产育宝庆集》。今有辑本两卷，存入《永乐大典》。

参考文献：《中医人物词典》。

李　拯

李拯，金代医生。自真定徙居栾城。继承先业，在居所设置病房。家贫无力支付医药费者，免费为之治病，并亲自奉送汤药、米粥。病愈后，又根据其路程远近赠送路费。自幼喜读经书，故多技能，平素喜赋诗饮酒，谈玄讲道。因子遹［yù］贵，赠奉训大夫。

参考文献：《石家庄市志》《栾城县志》。

明朝时期

王廷辅

王廷辅，明朝医家。河北安州（河北安新县）人，庠生。励学岐黄，尤精痘科，全活小儿甚众。著有《活幼心传》《劳瘵真诀》二书，未见行世。

参考文献：《保定府志》《中医人物词典》《中医人名辞典》《河北医籍考》。

王　轩

王轩，明朝官吏。字临卿，河北清苑人。嘉靖乙丑（1565）进士，官至四川按察副使。因亲老乞归。王轩兼通医道，著有《易说肯綮》《伤寒六书》（一作《伤寒三书》），未见刊行。

参考文献：《畿辅通志》《保定府志》《清苑县志》《中医人物词典》《中医人名辞典》《河北医籍考》。

马之骐

马之骐，明朝医家。河北邯郸人。有《疹科纂要》一卷，今存顺治五年（1648）刻本。

参考文献：《贩书偶记续编》《中医图书联合书目》《中医人名辞典》。

王　玺

　　王玺（？—1488），明朝官吏、医家。字昭时，直隶孤竹
（今河北卢龙）人。原任太原左卫指挥同知。成化（1465—
1487）初，擢都指挥佥事，守御黄河。十三年擢都督佥事，
充总兵官，镇守甘肃。十七年进署都督同知。二十年移镇大
同。在边二十余年，为番人所惮。玺习韬略，谙文事，亦通医
学。尝念边地无医药，乃著《医林类证集要》十卷（今存），
广列证候，先述经论，次叙先贤治法及方药、歌诀等，内容广
博，收采详备。择边人子弟聪颖者教授之。弘治元年卒。

　　参考文献：《明史·王玺传》《明史·艺文志》《百川书
志》《北大图书馆藏善本书目》《中医人物词典》《中医人名
辞典》。

冯　相

　　冯相，明代医家。河北栾城县人。明弘治十二年（1499）
三甲第八十二名进士，授山东莱州府推官。平生凝重，人未尝
见其有喜愠色。留心医药，著有《延生至宝》十卷，行于世
（今未见）。

　　参考文献：《正定府志》《中医人物词典》《中医人名辞
典》《河北医籍考》。

汤　宾

　　汤宾，明朝医家。字继寅，别号交川，河北南皮县人。嘉

靖庚戌（1550）进士。汤宾喜医学，著有《明医杂著》四卷、《药性指南》一卷。后书经其子性鲁增补，分为两卷。两书均未见流传。

参考文献：《南皮县志》《中医人名辞典》《河北医籍考》。

汤性鲁

汤性鲁，明朝医家。河北南皮县人，邑名医汤宾之子。性鲁绍承家学，亦通医理。尝增补其父《药性指南》（二卷）一书，未见刊行。子汤铉，亦得家传。

参考文献：《南皮县志》《天津府志》《中医人名辞典》《河北医籍考》。

汤 铉

汤铉，明末清初医生。字鼎辅，号念水，河北南皮县人。汤宾之孙，汤性鲁之子。铉少善文，兼工书法。于历代掌故及阴阳、律历、医卜无不博涉。著有《养生十诀》等书，未见刊行。

参考文献：《天津府志》《中医人名辞典》《河北医籍考》。

许 庄

许庄（1456—1542），明朝官吏。字德征，号康衢子，又号自知山人，晚年号无名野叟。原籍江苏嘉定，随先人徙居河北滦州兴义屯（一说城南响堂庄）。弘治癸丑年（1493）进士，官任山东佥事、山西粮储、山西右参议等职。曾主持纂修

《孝宗实录》《三十二郡志》。其喜好医学，善养生，对中医养生学颇有研究，著有养生专著《养心鉴》一卷。已佚。

参考文献：《滦州志》《中医人名辞典》《河北医籍考》。

李 果

李果，生卒未详，明朝官吏。字尚用，河北成安人。景泰元年（1450）举人，授平阳通判，分理易州。迁杭州同知，筑堤以障湖水，升济南知府，卒于官。李果性倜傥，自奉殊薄，为文古雅，不逐尘筌。素喜医学，尝校补罗天益《卫生宝鉴》一书，今未见。

参考文献：《成安县志》《畿辅通志·艺文略》《广平府志》《中医人物词典》《中医人名辞典》。

杨崇魁

杨崇魁，明朝医家。字调鼎，号搜真子，直隶清漳（今河北肥乡）人。以儒闻世，兼涉医书。谓习医不可粗知药物温凉寒热、主治反毒，亦不可妄投奇方怪药，当熟谙制方之宜及阴阳、运气、经络、脉因证治之理。因取诸家本草，搜其要妙，纂成《本草真诠》两卷，刊于万历壬寅（1602）。先明运气，次别经络，又分治风、热、湿、燥、寒、气、血、痰、疮、毒、妇人、小儿十二门，简述1050味用药。继论药性阴阳、食治，兼集古人用药总论，以备医者查阅。

参考文献：《中医图书联合目录》《北大图书馆藏李氏书目》《中医人名辞典》《中医人物词典》。

吴永昌

吴永昌,明朝医家。字世隆,河北邢台县人。郡庠生,淡于仕进,性喜医学。曾搜采古医方,制药疗疾,活人甚多。著《古医方》,今未见。

参考文献:《邢台县志》《中医人名辞典》《中医人物词典》《河北医籍考》。

张汝翼

张汝翼,明朝医家。河北祁州(今安国)(一说延庆州)人。以医术济世,为乡里所推重。著有《痘诊秘诀》三卷,未见传世。

参考文献:《祁州乡士志》《延庆州志》《中医人名辞典》《河北医籍考》。

赵南星

赵南星(1550—1627),明朝官吏。字梦白,号侪鹤,河北高邑县人。万历二年(1574)进士,官至太常少卿。遭魏忠贤党徒弹劾,谪戍代州(今山西代县)。万历四十四年至四十六年(1616—1618)间,久病缠绵,以至于不能用药。乃取李时珍《本草纲目》所载谷蔬之有益于人者,加减调治而愈。由是知饮食之于养生防病,其功甚大。因辑《本草纲目》中养生要品二百三十余种,简述性味功治,附以单方,厘为四卷,因以食物养生防病为上,名为《上医本草》,刊于泰昌元年（1620），今存。

参考文献：《高邑县志》《贩书偶记》《中医图书联合目录》《中医人名辞典》《中医人物词典》《河北医籍考》。

赵　律

赵律，明朝医生。赵循之弟也，河北雄县人。性恬静，居家孝友。幼嗜学，及长厌举子业，研精诗学，甚得风雅之趣。后有感于母病，乃学医术，洞究轩岐之秘。以济人为念，治疾不求报。律兼精太素脉。其曾孙赵凤翔，继其业，并著《太素病脉》以述先祖之秘传。

参考文献：《畿辅通志》《雄县志》《中医人名辞典》《中医人物词典》《河北医籍考》。

赵凤翔

赵凤翔，明朝医家。字羽伯，号丹崖子，河北雄县人。邑名医赵律曾孙。七岁失怙，二十风游泮，有文名。一试棘闱不售，归即专事稽考。尤精于易，著《易学指掌》六卷，深有得力于京房、康节。兼精医术，凡穷乡间巷患病者，无不尽心诊视，其效如响。年八十余卒。曾整辑祖遗稿，编《太素病脉》一书，刊刻于世。今未见。

参考文献：《雄县志》《中医人名辞典》《河北医籍考》。

胡　墀

胡墀［chí］，明朝医家。号松雪，河北永年人。精医，治病多奇验。县令张某甚推重之，故名重燕赵间。年九十六岁卒。孙胡文震、胡文煜皆善医。

参考文献：《永年县志》《中医人名辞典》。

胡文震

胡文震，明朝医家。河北永年人，邑名医胡墀之孙。文震亦精医术，治病多奇效，知名于时。弟胡文煜，与兄齐名。

参考文献：《永年县志》《中医人名辞典》。

胡文煜

胡文煜，明朝医家。河北永年人，邑名医胡墀之孙。文煜继承家学，治病多佳效，知名于时。兄胡文震，亦工医术。

参考文献：《永年县志》《中医人名辞典》。

夏惟勤

夏惟勤，明朝医家。冀州（今河北冀州）人，太学生。精于医术，有"国手"之誉。曾校订《仁术便览》《明目至宝》二书，重刊于世。

参考文献：《仁术便览·方应选序》《中医图书联合目录》《中医人名辞典》。

郭　晟

郭晟，明朝医家，肥乡（今属河北肥乡）人。洪武

（1368—1398）年间曾仕龙江参军，故亦称龙江老人。未几辞归乡里，以医药济世。尝谓用药如用兵，不可苟且。撰《家塾事亲》五卷，因切于实用而多次梓行，七世孙崇嗣曾重刻此书。今未见。卒年六十七。

参考文献：《百川书志》《肥乡县志》《畿辅通志》《中医人物词典》《中医人名辞典》。

崔元裕

崔元裕，明朝养生家。字正常，获鹿（今河北鹿泉）人。少司马崔应麒之孙，孝廉崔一淳之子。生活于十七世纪。元裕幼年颖异，弱冠补博士弟子员。平生为学，不屑为举子业，精研经史，著作甚富，如《四书六辨》《通鉴集要》等。于医学养生术素有修养，著《延年却病全书》八卷，已佚。

参考文献：《获鹿县志》《中医人物词典》《中医人名辞典》《河北医籍考》。

董教清

董教清，明朝道士、医家。号中壶，河间（今河北河间）人。为道士，初修炼于太和山五龙宫。久之，欲游览诸名胜，遂涉荆襄，历秦、蜀、晋、赵间。遇良师传以医术，遂挟技以济世。南皮县有安姓者，出资供其施药，乃留居于此。其用药平和，精于脉理，远近咸以"国手"称之。

参考文献：《河间府志》《中医人名辞典》。

鲁祚明

鲁祚明，明朝医生。号锡祉，河北深州人。孝廉鲁耀第四子，为邑增生。祚明性孤高耿介，诵读不倦，攻举子业，数科不第，遂究心医学，精于痘科，全活小儿甚多。著有《寿世真传》一书，行于世（今未见）。有子四人，季子鲁彝谷，得痘疹真诠。

参考文献：《深州志》《中医人物词典》《中医人名辞典》《河北医籍考》。

鲁彝谷

鲁彝谷，明朝医家。河北深州人。邑幼科名医鲁祚明第四子。鲁彝谷继承父业，亦以痘科知名。著有《广寿世真传》，藏于家。

参考文献：《深州志》《中医人名辞典》。

魏大成

魏大成，明朝养生学家。字时夫，柏乡（今属河北柏乡）人。通医学，善道家养生之术。撰有《养生弗佛二论》（亦称《养生论》）一卷，未见流传。养生论主张以平情为祛病之本，而深明医之不足恃；弗佛论则阐明儒、道之理而有辟佛之意。其强调老子无为思想，认为"无为则能平情，情平总归无情，所以长生久视"。可知其养生学寓有非佛崇道思想。

参考文献：《柏乡县志》《中医人物词典》《中医人名辞

典》《河北医籍考》。

毕荩臣

毕荩［jìn］臣（1595—1642），明朝医家。字致吾，新城（今属河北高碑店，一说属山东）人。少喜读书，因家贫弃儒习医，从名医刘南川学岐黄术，尽得真传。尤以治疗伤寒、痘疹见长，其诊病先辨南北，审强弱，察四时阴阳，投药无不霍然，名噪远近。授太医院吏目。有医德，每晨起，虽求治者车马盈门，必次第而诊，不先富贵，不轻贫贱，又常备药施济贫病，不索其值，人皆德之。崇祯十五年（1642），殁于兵乱，时年四十八岁。

参考文献：《中医人物词典》《中医人名辞典》。

刘文开

刘文开，明朝外科医生。字际明，新城（今属河北高碑店）人。行医于邑，专精外科，治多效。品行高尚，时人称其医术，重其人。

参考文献：《中医人物词典》。

沈际飞

沈际飞，明朝医家，鹿城（今河北辛集）人。约于明天启四年（1624）重订《人元脉影归指图说》两卷，刊于世。

参考文献：《中医人物词典》《中医人名辞典》《中医图书联合目录》。

张 荣

张荣，明朝医生。字伯仁，常山（今河北正定）人，后迁如皋（今属江苏）。少精医学，人以疾请，投剂辄效。嘉靖十四年（1559），官兵征讨倭寇，会军中大疫，治愈千余人。庆隆末（1572），下邳有治河之役，疫疾流行，自请往治，患者均得生还。好施予，卒之日，家无余资。

参考文献：《中医人物词典》。

周 震

周震，明末医学家。字慎斋，沙城（今河北怀来）人。著有《幼科医学指南》（一称《幼科指南》）四卷，成书于顺治辛丑（1661），今存。《秘传女科》两卷，未见。

参考文献：《中医人物词典》《中医人名辞典》《中医图书联合目录》。

赵文炳

赵文炳，明朝官吏。字含章，燕赵（今河北赵县）人。万历年间官巡按、山西监察御史。因愤郁于中，而成痿痹，服药未效，乃于京城延名医杨继洲诊治，三针而愈。且得观杨氏家传秘要，知其术有所本。遂于 1601 年录其书刊行，书名《针灸秘奥》，实即《针灸大成》。今存《铜人明堂之图》四幅（单色），赵文炳绘制于明万历二十九年（1601），清初多次复刻或重摹。

参考文献：《中医人物词典》。

杨　健

杨健，明朝人。籍贯不明。《柏乡县志》上载有其著《养马经》一书。

参考文献：《柏乡县志》《河北医籍考》。

邝　璠

邝璠（1458—1521），明朝官吏。字廷瑞，号阿陵，在家行三，河北任丘人。原籍广东高要县。县学生，治书经，明弘治六年（1493）进士。翌年任苏州府吴县知县。兴水利，办教育，政绩显著。正德六年（1511）任瑞州知府。嘉靖元年（1522）追赠江西布政使司右参政。撰《便民图纂》十五卷，内容庞杂，实用性强，对江南地区农业生产、农民生活具有很强有指导意义。卷 10～12 记述了生活饮食方面的禁忌和治疗常见疾病的一些民间配方，卷 13 叙述家畜家禽相关疾病的防治等内容。

按：《明世宗实录》《任丘县志》皆言追赠邝璠为"江西右参政"。清朝时期《国朝献徵录》记载为"江西左参政"。

参考文献：《任丘县志》《国朝献徵录》《明世宗实录》。

康　海

唐海，明朝医生。字涵宇，河北宁晋县东苏家庄人。精于疮症，疗效如神。经手诸类疮症，皆可断定治疗效果。不治之症，断定死亡时间，毫发不爽。许多疑难杂症，无不药到病除。医德高尚，众人称颂。崇祯年间卒。康海辞世，兄弟康乐继承疮症医术。依照康海生前教诲，扶危济贫，堪称康海医德传人。

参考文献：《宁晋县志》《邢台地区志·医药卫生》。

薛维隆

薛维隆，明朝医生。字泰宇，宁晋县人。精岐黄术。

参考文献：《宁晋县志》《邢台地区志·医药卫生》。

姚老霞

姚老霞，明朝医生。易州高陌村人。明万历年间，老霞遇一患重病的江湖侠客，遂将其收留，且延医治疗，侍药若亲人，数月无懈怠意。侠客病愈，将正骨术传于老霞，老霞遂以此为业。从此，姚氏正骨流传于世。

参考文献：《易县志》。

赵 仁

赵仁，明朝医生。河北平乡董固村人。明正德年间任顺天府知事。他擅长医道，自医学经典《灵枢》《素问》《难经》而下，于金元四大家（刘河间、张子和、李东垣、朱丹溪）之旨，无不融会贯通。病者尚有一线希望者，犹能起之。据赵氏家谱记载，明嘉靖五年（1527），李太后重病不起，御医治疗无效，嘉靖皇帝颁旨寻医，赵仁被荐。赵仁诊后奏道："国母是虫吃心病症，虫祛痛止，应服化虫汤。"太后沉疴，三剂而愈，帝封赵仁为太医院院判，赵仁坚辞不就，朝野轰动。

参考文献：《平乡县志》。

郑国才

郑国才，明朝医官，河北灵寿东关人。聪慧而倜傥，多情而善良，淡于仕途，"不事举子业"，笃志习医以救民困，因"精于岐黄之术"，举为御医，后升御医院官。为缓人民疲于驿差之苦，陈条当道，朝廷采纳，利国利民。

参考文献：《灵寿县志》。

许时雍

许时雍（1516—1594），明朝官吏、医生。字维和，号柏岩子，晚号逍遥翁，明代井陉县水子村（今河北井陉许水滋村）人。七岁丧父，由母及兄督学。幼有大志，弱冠为廪生，面壁十载，苦读不辍。嘉靖二十五年（1546），年三十，中举人。许时雍虑母年老，遂不仕，回乡奉孝。后奉母赴任，官利津县知县。嘉靖三十七年冬，许时雍闻母病讯，即解印挂冠，辞官回籍，亲侍汤药，奉母以终。许时雍为人孝悌忠恕，性孤直而豪放，且淡于荣利。博学多才，尤善诗文。其律诗为时人所称颂。另承祖业兼善医术，以草药、针灸为人治病，著有《伤寒指迷》《温病辨治备急方》，惜未付梓。明万历二十二年（1594），卒于水子村，终年七十八岁。

参考文献：《井陉县志》。

黄象奎

黄象奎，明朝僧人。原名李月，江西赣州人。天启辛酉年（1621）举人，曾任两当知县，后因故弃官逃至滦州剃发为僧，后蓄发开馆教学，因精于岐黄之术，故以医施药济人。

参考文献：《唐山市卫生志》《滦县卫生志》。

刘尔科

刘尔科，明朝医生，河北遵化人。县学生，以父疾而潜心于医理的探究，并深得医学真谛。曾对一郁病患者深入浅出地阐明病理，竟未用药而治愈。其治病常不取医资，甘于施药济人。因其医德高尚，而又不任官爵，以医为业，故人颂之"医隐""刘隐士"。

参考文献：《唐山市卫生志》。

王 门

王门，明朝医官，河北安平东黄城村人。明万历年间，在太医院任职，为王公大臣、宫妃诰命医病，由于医术高明，被提升为太医院吏目，圣旨褒奖文内有"医不过三而愈之""保王躬而寿生民"之词句，移封其父王三友为登仕佐郎。

参考文献：《衡水地区科学技术志》。

张崇仁

张崇仁，明朝医生。好医，施药济人，倡修四门桥及栾武祠。令嘉之礼请乡饮，名列"旌善亭"。

参考文献：《栾城县志》。

马金堂

马金堂，又名马金标，明朝万历年间医家。回族，河北定州城内回民街人。定州眼药创始人之一。他有优越富裕的家庭条件，又有家藏大量经学、医学典籍的基础，再加上有渊教的陶冶和医疗济世的家训，这使他在青年时代就学业有成。他对内、外、妇、儿诸科皆有一定的研究，其中尤其以眼科为长。后经潜心研究，对文献所载眼科方剂比较分析，总结多年临床经验，大胆创新尝试，反复试验，自治成药，取名"定州眼药"。疗效极佳，开始以施舍济民为主，免费施于患者，深受人们欢迎。使定州眼药成为流传至今的地方名药。

明末时期，定州地处冲要，交通方便，物阜财丰，商贾云集。马金堂的"定州眼药"也成了来客必得的宝药。

参考文献：《定州人物志》。

王　微

王微，明代医生，河北魏县人。其父王时和（1585—1617），字调元，明进士，历任淄川知县。因赈济灾民，治理吏弊有功，擢升为礼部主事，又改调户部主事。因得罪魏忠贤遭免官问罪，临终时嘱子孙不再当官参政，王微遵嘱专研医学，以治病造福于百姓。研究治疗伤寒病，相传十代，被称为治疗伤寒世家。

参考文献：《魏县志》。

刘 彬

刘彬，明朝医生。字文质，河北兴济县（今河北沧县兴济镇）人。弘治间（1488—1505）以医知名。素重孝义，不阿权贵。外戚张鹤龄之母患疾，遣苍头迎治。彬叱曰："皇亲虽贵，亦人子也！为母病欲坐致医耶？刘文质非侯门听召者，汝去矣！"后张氏兄弟登门拜请，彬始往诊之。

参考文献：《中医人名辞典》《说听》。

方 模

方模，明朝医生。字廷瑞，新城（今河北高碑店）人。得祖传医术，攻治尤精。凡以疾赴者，不以贵贱分详略，不计利之有无。乡人名其堂曰"存仁"，又著其名于旌善亭。

参考文献：《中医人物词典》。

清朝时期（鸦片战争以前）

及毓鹍

及毓鹍［kūn］，清朝医生。字化鹏，河北交河县（今河北泊头）人。精通医术，名著于时。有医德，贫病者延请，不令雇轿，徒步而往，活人甚众。宰交河者多器重之，有事与其共谋。乡人敬其为之，不直呼其名，皆称"及先生"。寿至七十五岁卒。

参考文献：《交河县志》《中医人物词典》《中医人名辞典》。

马三纲

马三纲，清朝外科医家。河北定州市种阜财村人，参将马宝善次子。三纲自幼习医，专攻外科，尤善治疥、痔等疾。疗病针药兼施，又自创新方数十种，常数日之内获良效。辑有《外科验方》一书，藏于家。

参考文献：《定县志》《中医人物词典》《中医人名辞典》《河北医籍考》。

马永祚

马永祚，清朝医家。字建侯，河北东光县人。邑增生，精于医道，治病不拘成法，往往出人意表。传一人与之有隙，得腹蛊疾，虽病殆，不敢求治。永祚曰："若欲愈，当食砒石。"
病者疑惧不从。将死，勉从其言，下蛊斗许而痊。闻者皆服永
祚之大度。撰有《女科汇要》《胎产新法》等书，后人检其所
载之方用之，有奇效。

参考文献：《东光县志》《中医人物词典》《中医人名辞
典》《河北医籍考》。

马 玫

马玫，清朝医家。字五玉，河北东光县人。庠生，究心于
《素问》《难经》诸医典，以善治痘疹知名。精于脉诊，凡治
病，不告以何证，问之亦不答，诊脉后即出。治病所用皆平日
常见之草木等物，每获良效。撰有《痘疹浅说》《脉诀浅说》
二书，未见流传。

参考文献：《东光县志》《中医人物词典》《中医人名辞
典》《河北医籍考》。

王开泰

王开泰，清朝医生。河北交河县（今河北泊头）人。庠
生，精于痘科，治病多佳效。有医德，凡延请者，无不应。殁
后，乡邻犹追念不忘。

参考文献：《交河县志》《中医人名辞典》。

王书勋

王书勋，清朝医生。字铭之，号立山（一作荔山），河北

南宫人。精医学，知名于乡里。

参考文献：《南宫县志》《中医人名辞典》。

王达天

王达天，清朝医生。字固知，河北大城县人。精于医术，凡有疾者，求无不医，医无不效，活人无算。光绪中（1875—1908），无疾而卒，年九十二岁。

参考文献：《大城县志》《中医人名辞典》。

王廷璇

王廷璇，清朝医生。字星文，河北交河县（今河北泊头）人。庠生，精于医，临证着手成春。患痼疾者得其一诊，死而无恨。子王如澧、王如瀚，继其业。

参考文献：《交河县志》《中医人名辞典》。

王如澧

王如澧，清朝医生。字静甫，交河（今属河北泊头）人。庠生，父王廷璇（字星文），精于医。承父学，好岐黄，术益精。切脉审方，精细入微，全活甚众。某年冬月，至亲戚家，有自觉无病者戏求诊脉。诊后，如澧密语其子："乃父肝脉甚盛，明春病必发，宜早备之。"后果如所语。县令王宝权闻之，额其门曰"术高和缓"。弟如瀚，亦精医。

参考文献：《中医人物词典》《中医人名辞典》《泊头县志》。

王如涟

王如涟，清朝医生。字晴洲，交河（今属河北泊头）人。专精外科，求无不应，终身施药济人。

参考文献：《交河县志》《中医人名辞典》。

王　邰

王邰，清朝医生。号煦山，交河（今属河北泊头）人。晚年潜心医学，活人无算。

参考文献：《交河县志》《中医人名辞典》。

王松龄

王松龄，清朝医生。字鹤寿，河北南宫人。以医为业，尤精外科，有名于乡里。

参考文献：《南宫县志》《中医人名辞典》。

王定愈

王定愈，清朝医家，河北正定县人。读书未成，纳粟为国子生。后弃举业习医，精其术，于痘疹尤有心得。临证察形色而能断生死，多有效验。为人治疾无分贫富，有求辄应，全活无算。著有《痘诊捷要》一书，未见刊行。

参考文献：《正定县志》《中医人名辞典》《中医人物词典》《河北医籍考》。

王荫普

王荫普，清朝医生，清代河北正定县人。精医术，治病多以意会，无不奏奇效。

参考文献：《正定县志》《中医人名辞典》。

王　柄

王柄，清朝医生。字指辰，交河（今属河北泊头）人。精内、外科，兼通针灸。生平好善，遇贫病者恤以饮食，施以药饵，至老不倦。

参考文献：《交河县志》《中医人名辞典》。

王起凤

王起凤，清朝医生。河北肥乡人。精通医术，活人甚众，知名乡里。

参考文献：《肥乡县志》《中医人名辞典》。

王　铨

王铨（1831—1877），清朝医家。字子衡，新城（今河北高碑店）人。咸丰乙卯（1855）举人，治诗，究心训诂学。锐于讨论，废寝忘食。因劳致疾，遂学医。光绪三年卒，时年四十七岁。著有《医药家栻》《医学家栻》六卷（一说三卷），依次载"金鉴切诊心法要诀""医方因病分类歌""妇科歌""本草因病分类歌"等，共述内科杂病 30 种，其余各科 100 种，载药 400 味，为医学入门便读。刊于光绪二年（1876）。尚著有《医谣》六卷，未见刊行。

参考文献：《保定府志》《贩书偶记续编》《中医人物词典》《中医人名辞典》《河北医籍考》。

王清任

王清任（1768—1831），清著名医学家。字勋臣，玉田（今属河北玉田）人。武庠生，纳粟千总衔。二十岁左右习医，后于北京行医，开知一堂药铺。性磊落，精岐黄术，名噪京师。尝阅古人脏腑论说及所绘之图，屡见其自相矛盾。谓"著书不明脏腑，岂不是痴人说梦？治病不明脏腑，何异于盲子夜行！"遂留意更正脏腑旧论。嘉庆二年（1797），于滦州稻地镇义冢观看其中露脏儿尸三十余具。此后又在辽阳、北京等地观察刑余之人体内脏器官。因不明膈膜，又于道光九年（1829）访问曾镇守哈密之恒敬。先后历四十二年，自谓于脏腑一事，已得明确。前后历经四十余年，终于绘成脏腑全图，撰成《医林改错》两卷（1830）。其书不胫而走，对医界震动极大。书中纠正前人脏腑某些错误之处。如云"肺外无透窍，亦无行气之二十四孔"等。又述"脑髓说"，从实际解剖阐述耳、目、鼻、舌之功能均归于脑等。所论多发前人所未发。因所见多是残尸缺体，故仍有误记臆测之处。后世对其《医林改错》毁誉参半，对其脏腑解剖之说遵行者少，而对其气血理论崇信者多。尝谓"治病之要诀，在明白气血"。外感内伤，所伤无非气血。其治杂症，善用补气活血、逐瘀活血诸法。创立血府逐瘀汤、补阳还五汤等十余首方剂，在临床上有可贵价值，为后世医家所重。所撰《论抽风不是风》《论痘非胎毒》等篇，亦多新见。

参考文献：《清史稿·王清任传》《玉田县志》《医林改错·序》《古今名医言行录》《明季西洋传入之医学》《中医人物词典》《中医人名辞典》《河北医籍考》。

王鸿宾

王鸿宾，清朝医家。字云卿，河北景县人。岁贡生，祖传医学，至鸿宾益精，登门求治者踵相接。年届古稀，尚劳碌于车尘马足间。恒云："乐此，不为疲也。"著有《诸门应症验方》《花甲医学进解》等书，未见刊行。兄王云藻，医术尤精；侄王沂清，亦能世家业。

参考文献：《景县志》《中医人名辞典》《河北医籍考》。

牛凤诏

牛凤诏（1840—1904），清朝医生。字恩宣，河北霸州人。国学生，课农之余，手不释卷，尤喜书法。有感于范仲淹"不为良相，则为良医"之语，致力医学，尤精痘科，所治多验。其家多蓄药品，遇猝病不可待者，并药施之。辑有《痘疹要诀》四卷、《痘疹药性》一卷、《备方》一卷等藏于家。卒年六十五，时光绪三十年六月一日也。

参考文献：《霸县新志》《中医人物词典》《中医人名辞典》《河北医籍考》。

马人镜

　　马人镜，清朝医家。字鉴心，古樊与（今河北清苑）人。少业儒，后取家藏医籍及诸家药论，潜心研究十余载。以诸家名医，各有所偏，初学者多不得其门，乃将古今医鉴、诸家方术，搜讨考订，得药四百余品，编为《济世津梁》八卷。

　　参考文献：《中医人物词典》。

王华文

　　王华文，清朝医家。字云溪，直隶河间（今属河北河间）人。因父病习医。施药予方，救人甚众。辑有《伤寒节录》，节取《伤寒论》条文，选辑先哲论说，阐释症状、脉象、传变、施治等。道光九年（1829）其子官河南司马时刊行。

　　参考文献：《中医人物词典》。

及应龙

　　及应龙，清朝医生。字谔庵，河北交河（今河北泊头）人。精于医术，知名乡里。年七十三岁卒。

　　参考文献：《中医人名辞典》《交河县志》。

文锦绣

　　文锦绣，清朝医家，河北南和（今属邢台市）人。诸生，习岐黄术，活民无算。著有《验方集锦》《脉理析义》等书，未见流传。

参考文献:《畿辅通志》《中医人物词典》《中医人名辞典》《河北医籍考》。

尹昶临

尹昶临,清朝医家。河北南皮人。弃儒业医,治病不论贫富,有求辄应,无不立效。著有《增删观舌心法》《医学指南》等书,未见刊行。

参考文献:《南皮县志》《中医人物词典》《中医人名辞典》《中国分省医籍考》。

邓 坊

邓坊,清朝儿科医家。大城(今属河北大城)人。尤精麻痘证治,著有《医痘指南》四卷。

参考文献:《大城县志》《中医人物词典》《中医人名辞典》《河北医籍考》。

卢 梅

卢梅,清朝医家。字调卿,交河(今河北泊头)人。幼习举子业,应童试文战不利,乃弃儒攻医。殚心十余年,未经一试,人议其自高,对曰:"人命至重,可轻尝试乎?"后街邻某患疾,更医罔效,病垂危,遂往诊之,一剂而愈。同年夏季瘟疫肆行,以针药兼施,全活甚众。晚年尤精儿科。著有《针灸便用》一书,邑侯朱吉园为之付梓(今未见)。

参考文献：《交河县志》《中医人物词典》《中医人名辞典》《河北医籍考》《泊头县志》。

田汝文

田汝文，清朝医生。字子彬，交河（今河北泊头）人。先世五代业医，至汝文术益精。通明药性、脉理，于小儿、痘疹两科尤为擅长。有医德，凡求治无不应者。

参考文献：《交河县志》《中医人名辞典》《中医人物词典》。

田宝华

田宝华，清朝医家。字辉堂，河北献县人。精医，及通阴阳、《周易》之学。尤善治目疾，就医者百里求治，车马络绎不绝。著有《药方经验即录》一书，未见刊行。

参考文献：《献县志》《中医人名辞典》《中医人物词典》《河北医籍考》。

史 直

史直，清朝医生。河北万全县第八屯人。性端谨，通医理。平生不苟言笑，专以医术济世，活人无算。年八十一岁卒。

参考文献：《万全县志》《河北人名辞典》。

史明录

史明录，清朝医家。字纪言，河北邱县邴庄人。年十九，与兄史明鉴同入泮。后精研医术，不数年，名闻遐迩，户限为穿。贫者来求，无论寒暑，亲往诊治，药到病除，时为万家生佛。年四十二岁殁。撰述甚多，惜皆散佚。民国时尚存《史氏医案》一书，立方准确，论症详尽。邻近业医者，莫不人手一编，临证选法，奏效如神。

参考文献：《邱县志》《中医人名辞典》。

边成章

边成章（1806—1880），满族，清朝医家。字斐然，新城（今河北高碑店）浒州村人。其祖上为镶红旗人，徙居内地。成章自幼嗜读，以家道式微，弃儒学医，于岐黄之书，无不披览。闻人有秘方，虽千百里，必求得而后已。久之，其技精良，尤以疡科最为擅长，所治疑难症不可胜数。有《边氏验方》三十卷，于药之特效，发明甚多，其简便而神效者，如用杜仲末醋调摊青布上，贴对口或发背疮初起，百不失一，其功用非本草所载也。卒于光绪六年，年七十有五。一生手不释卷，晚年尚能书蝇头细字。卒时并无疾病，适三奇村陈姓延诊，开方毕，掷草而卒。四子俱传父业，各精一科。宝钧（字伯洪）精针灸，宝善精内科，宝和（字子清）精儿科，宝恒（字镇五）精外科。

参考文献：《新城县志》《中医人名辞典》《中医人物词典》《河北医籍考》。

边宝钧

边宝钧，清朝医生。字伯洪，新城（今河北高碑店）浒州村人。邑名医边成章长子。宝钧传父业，尤精针灸。

参考文献：《新城县志》《中医人名辞典》。

边宝善

边宝善（1851—1919），清朝医家。字楚珍，新城（今河北高碑店）浒州村人。邑名医边成章次子，廪膳生。宝善习父之业，尤精内科。对三焦及气化机理，有独到见解。尝谓："中国医学发轫于《内经》，历代名医根据之，各有发明。至汉代张仲景著《伤寒》《金匮》二书，实集医学大成。自汉而后，则医林晦昧，误荣为血，不知三焦、经络为何物。李东垣为一代宗工，竟妄谓三焦有二。夫三焦既列于六腑，可知为盛物之脏，盖人身腔内之白膜，即三焦也。因其包括诸脏，故列之于腑，复有隔膜分为三部，故命之曰三焦也。"与边增智（字乐天）共著《气化探原》，论述先后天气化循环之理，并以三因为经，以碳、氢、氧三气为纬，深究各气偏盛所致内外诸病。宝善卒于"民国"八年，寿六十九岁。子边增智，亦以医知名。

参考文献：《新城县志》《中医人名辞典》《中医人物词典》《河北医籍考》。

边宝和

边宝和，清朝医生。字子清，新城（今河北高碑店）浒州村人。邑名医边成章第三子。宝和继承父志习医，尤精儿科。

参考文献：《新城县志》《中医人名辞典》。

边宝恒

边宝恒，清朝医生。字镇五，新城（今河北高碑店）浒州村人。邑名医边成章第四子。宝恒传父业，尤精外科。

参考文献：《新城县志》《中医人名辞典》。

边增智

边增智，清朝医家。字乐天，新城（今河北高碑店）浒州村人。世医边宝善之子。增智继承祖业，悬壶津沽。间因感西人医偏重物质，一涉气化证，往往束手，乃纂述祖说，取《内经》《伤寒论》证之以生理及理化诸书，发明《内经》所指精气，实即今之所谓氧气，卫气即氢气，荣气即碳气，因著《气化探原》一书，计数十万言。首论人先后天气化循环之理；次以三因为经，而以碳、氢、氧三气为纬，深究各气偏盛所致之内、外诸病；并证明西医以各病菌辨诸症，仍非根本解决之法，如伤寒、疟疾等菌，乃因病而生菌，非因菌而致病也。盖人体因病，而经络闭塞，氢、碳之气不能外透，因而作祟，是即所谓菌也。人谓是书一出，为中西医学沟通之渐云。

参考文献：《新城县志》《河北医籍考》《中医人名辞典》。

刘登高

刘登高，清朝医生。字临川，清河北天津人。精医术，尝外出，寄居于南宫，闻邻家子病笃，举家无措，乃为之疗，投数剂而愈。邻人以重金谢之，不受。

参考文献：《中医人名辞典》《天津府志》。

吕丰年

吕丰年，清朝医家。广平（今属河北广平）人。尝钞集成方，合以生平治病经验，著《续增医方集解》六卷，首列治鸦片烟癖药方，洞悉源流，次录治病经验方，体例颇杂，有抄本流传。

参考文献：《中医人名辞典》《中医人物词典》《河北医籍考》。

吕秉钺

吕秉钺，清朝医生。字虔甫，青县吕布村（今属河北青县）人。弱冠习医，至老尤笃，积数十年临证经验，于伤寒最有心得。著《吕秉钺医案》一书，未见梓行。

参考文献：《青县志》《中医人名辞典》《中医人物词典》《河北医籍考》。

多弘馨

多弘馨，清朝医家。字卿和，号素庵，河北阜城人。秉性端方，自幼嗜学，博涉经史，网罗百家。优文翰，工诗律，尤精医术。以明经授真定府新东县训导。邑侯曹公修阜志，弘馨任纂主事焉。寿八十二岁卒。著作未见流传，著《素庵六书》，今未见。

参考文献：《阜城县志》《中医人名辞典》《中医人物词典》《河北医籍考》。

朱昆龄

朱昆龄，清朝医家。字鹤栖，河北沧县人。精岐黄术，志在活人，老犹不倦，远近称良医。寿七十二岁卒。著有《脉诀论》《万病全方》等书，未见梓行。

参考文献：《沧县志》《中医人名辞典》《中医人物词典》《河北医籍考》。

朱　峨

朱峨，清朝医家。字奉璋，河北正定人。监生，儒学外兼通医道，一时著名。撰有《痘疹详解》《伤寒集要》诸书，未见梓行。

参考文献：《正定县志》《中医人名辞典》《中医人物词典》《河北医籍考》。

任向荣

任向荣，清朝医家。字钦若，河北高阳县人。精医术，内、外科名医也。著有《内外科各集》，藏于家。

参考文献：《高阳县志》《中医人名辞典》《中医人物词典》《河北医籍考》。

齐祖望

齐祖望，清朝官吏。字望之，号勉庵，河北鸡泽人。博学工诗，康熙九年（1670）三甲第十八名进士，历任督捕主事、刑部郎中，巩昌知府，以事谪归。著有《增补洗冤录》一书，未见梓行。

参考文献：《鸡泽县志》《明清进士题名碑录索引》《中医人名辞典》《中国分省医籍考》。

关云凤

关云凤，清朝医家。字德辉，河北南宫人。恩贡生，绩学能文，究心医学。于医书无所不读，据病立方，皆应手而愈。治病不索谢，亦无自得之色，人称其为"君子医"。著有《经验良方》一书。次子关景文传其术。

参考文献：《南宫县志》《中医人物词典》《中医人名辞典》《河北医籍考》。

关景文

关景文，清朝医生。字画山，河北南宫人，邑名医关云凤次子。景文继承家学，临证谨慎，洞达病源，有起死回生之誉。子士通，字经训，恩贡。好读祖父藏书并《经验良方》，潜心研究，医学独精。

参考文献：《南宫县志》《中医人名辞典》《河北医籍考》。

关士通

关士通，清朝医生。字经训，河北南宫人。恩贡生，其祖父关云凤，父关景文，皆为名医。士通好读家藏医书及祖父所辑《经验良方》一书，潜心研究，遂精医道。

参考文献：《南宫县志》《中医人名辞典》。

刘立志

刘立志，清朝医生。河北威县人。精于喉科，临证颇具奇效。

参考文献：《威县志》《中医人名辞典》。

刘杏五

刘杏五，清朝医家。河北晋州杨家庄人。性沉静，精医道。凡临证诊脉，即知病源，用药多能立效。如症遇不治，即以婉言谢之。医名噪于时，有"刘扁鹊"之称。著有《女科三要》一书，进士杨亶骅为之作序，盛行于世，今未见。

参考文献：《晋县志》《中医人名辞典》。

刘君佐

刘君佐，清朝医生。字顾三，河北新河人。精岐黄术，断生死无或爽者，有名于乡邑。

参考文献：《新河县志》《中医人名辞典》。

刘　纯

刘纯，清朝医生。字希文，河北献县人。工于医术，四方就诊者踵门不绝。素有济人之心，凡求治者皆给以饮食，未尝受一钱之酬，以是损家产，弗顾也。乡众公举其善。

参考文献：《献县志》《中医人名辞典》。

刘学博

刘学博，清朝医生。河北正定人。精研方书，用之于人无不奏效，四方祈请者不绝。

参考文献：《正定县志》《中医人名辞典》。

刘钟俊

刘钟俊，清朝医生。大城（今属河北大城）人。精医，著有《针灸摘要图考》一卷，未见梓行。

参考文献：《大城县志》《中医人名辞典》《中医人物词典》《河北医籍考》。

刘　珩

刘珩 [héng]，清朝医家。字奉三，交河（今河北泊头）郝村人。性聪敏，才华超逸，博通古今。尤究心于岐黄，医名卓著。著有《保赤录》一书，今未见。

参考文献：《大城县志》《中医人名辞典》《中医人物词

典》《河北医籍考》。

刘润堂

刘润堂，清朝医家。河北沧县人。诸生，业医，尤善针砭法。著《三才解》六册，前五册言针法，将针灸大全尽行批驳，独辟新论。后一册言砭法：按穴以小石擦摩，左旋若干遍，嘘气几口者为泻，右旋若干遍，吸气几口者为补，用之均有奇效。其书未见传世。

参考文献：《沧县志》《中医人名辞典》《中医人物词典》《河北医籍考》。

刘敦隽

刘敦隽［jùn］，清朝医家。字公硕，河北永年人。国子生，素性醇谨，雅善岐黄，治疾不论财，远近全活甚众。雍正十一年（1733），巡视畿南御史评公图，病膈危甚，延隽至，一药而愈。著有《胎产须知》《救急良方》等书，行于世（今未见）。子刘文玑［jǐ］，邑廪生。

参考文献：《广平府志》《永年县志》《中医人名辞典》《中医人物词典》。

刘椿林

刘椿林（1780—1852），清朝医家。字仙圃，河北大城人。刘泰斌之子。椿林嘉庆二十五年（1820）补博士弟子员。性廉洁，有古风。精于疡医，求药者踵相接。平生多善举，凡有所得，则救济族中贫者。咸丰二年五月十二日，无疾而终，寿七十三岁。著有《济美堂集》一卷。

参考文献：《大城县志》《中医人名辞典》。

刘 瑞

刘瑞，清朝医家。字相林，河北沧县人，刘继德之孙。幼习儒，为岁贡生，品学兼优。又深达青囊之术，为当时医者所宗。故奕世稍文秀者，皆晓通医理。著有《刘瑞医案》若干卷及《批注本草》等，均佚。

参考文献：《沧县志》《中医人名辞典》《中医人物词典》《河北医籍考》。

刘德振

刘德振，清朝医家。字行九，河北景县人。资性颖敏，精究《素问》《难经》诸书，于医理洞若观火。著有《五六要论》一卷，未见刊行。医学之外又善小楷，尝镌唐人七律于瓜子之上，刻画如发，而疏秀可观，论者以为神绝。

参考文献：《景州志》《中医人名辞典》《河北医籍考》。

许玉良

许玉良，清朝医家。字蓝田，河北清河人。邃于经学，曾为庠生。晚年精医，详注《陈修园医书十六种》（又称《陈修园十六种注解》），见地精确，尤以疗时疫为长，择方颇简当，有药到病除之效。其治血崩症，常用白芍一两、当归身二两，服之立愈。卒年六十。

参考文献：《清河县志》《中医人名辞典》《中医人物词典》《河北医籍考》。

许澄清

许澄清，清朝医生。河北唐山县人。精于医术，重医德，治疾不受谢仪。

参考文献：《唐山县志》《中医人名辞典》《中医人物词典》。

许　鲲

许鲲，清朝医家。字荫清，河北清河人。庠生，世以疗瘟疫著称。得家传，识病精确。同邑某人得疫症甚危，先已经他人诊治，言为不治之症，告其家已预备后事矣。迄请鲲至，即为立方，言无妨。人共危之。鲲坚言令服药，如此病果死，我当偿之。嗣服药，果霍然愈，人以是益神之。家有《手抄瘟疫论》一册，凡遇瘟病，施之无不立效。

参考文献：《清河县志》《中医人名辞典》《中医人物词典》《河北医籍考》。

孙　密

孙密，清朝医生，河北滦县人。岁贡生。精通医理，活人无算。贫不能葬者，施舍棺木。

参考文献：《滦县卫生志》。

刘耀先

　　刘耀先（1864—?），清末医家。字延年，号景云，河北清苑人。少习岐黄，精研眼科，以擅治内障闻名，求诊者甚众。著《内障正宗》两卷、《外障备要》两卷（1911），合刊为《眼科金镜》四卷（1926年刊）。详述内障、外障形症，谓"五脏不平，皆能生内障"，非独肝肺。又指出"眼无寒病"为谬论。善用刀针治外障，尤精于金针拨内障。

　　参考文献：《中医人物词典》。

牟太医

　　牟太医，清朝医生。名佚，先世直隶省（今河北）人。精医学，重养生。挟技游蜀，定居雅安（今属四川）。卒年一百二十。

　　参考文献：《中医人物词典》。

孙　伟

　　孙伟，清朝医家。号望林，燕山（今河北境内）人。幼家贫，乃留心方术，施药济人。年二十许游医卖药数载，后至京都，于崇文门内悬壶二十余年，见重于时，延请者无虚日。后进内苑供事十四年，供职太医院方略馆，复授贵州关山岭管驿。年迈后将五十年行医所积之方集成《经验藏书》两卷。又撰《良朋汇集经验神书》（简称《良朋汇集》）五卷（1711），以金木水火土为卷序，不言脉理，列前贤、时人六十六名之应手验方一千五百余首。间有少数民族及海外之秘方，用之多效。因诸方皆朋友经验手藏，故名。卒年约八十。

参考文献：《中医人物词典》。

孙　泰

孙泰，清朝医家。字盛时，河北永年人。自幼习医，博览群籍，技艺精粹，尤擅治伤寒证。著有《瘟疫伤寒辨》，未见梓行。

参考文献：《广平府志》《中医人名辞典》《中医人物词典》《河北医籍考》。

孙毓昆

孙毓昆，清朝针灸医生。字崇山，河北交河（今河北泊头）人。家贫业医，善针灸，治病应手取效。有医德，诊病不索谢，有求必应，不辞其劳，五十年如一日。

参考文献：《交河县志》《中医人名辞典》《中医人物词典》。

孙德润

孙德润，清朝医家。字慎之，清代浭阳（今河北丰润）人。生活于嘉庆年间（1796—1820）前后。笃好医学，著述丰富。辑《医学汇海》三十六卷（1820年），主述各科二百余证治，引据古人之书，删繁补缺，分门别类，详述病证脉法、总纲、病状诊断及治疗方剂等。著有《痘疹传薪》七卷，

《脉法统宗》即该书卷三十六，有单行本。

参考文献：《中医图书联合目录》《中国历代医史》《中医人名辞典》《中医人物词典》。

李之和

李之和（1793—1868），清朝医家。字节之，号漱芳，河北平乡人。道光五年（1825）选贡，授直隶州州判之职。李之和出身世学之家，其父李文樾（1775—1850）道光四年（1824）贡生，学识渊博，且精通医理。其母早逝，之和幼时就失去了母爱，但对继母却非常孝顺，双亲年老时皆患痿痹之症，长年卧床，不能自理，之和每天侍奉左右，从未远离，七年如一日，被乡亲们称为孝子。

李之和自幼受其父熏陶，且颖悟过人，嗜学不倦。尝谓儒者所重不在辞章，慨然有述古之志。后绝意仕进，益潜心经学，旁及医、卜、星、算、音乐，无不精通。郡县闻其名，争以礼罗致，辞而不往。之和后在湖北一带教书行医，此时他在医学方面已有很高造诣，求医看病者络绎不绝。他一边为当地民众治病，一边根据自己的实践，结合历代医学名家之观点，研究出很多有效方剂，并开始著书立说。他曾在《漱芳六述》中写道："人之为之一书也，曰著、曰述而已。著也者，据一己之说，无所因袭也；述也者，取前人之文，诠释而注之也。天下唯著难。"道出其著、述之别与著书艰难。生平著述甚富，医书有《漱芳六述》《六述补遗》《外科六述补遗》《本草杂著》等。以上著述大都以手抄本流传于世，由于年代久远，绝大多数已遗失。唯《漱芳六述》幸存手稿，经过有关人员整理，印刷成书。《漱芳六述》共六篇二十四卷，其中运气、经络、脏腑、脉理、证治统论各一卷，证治类纂十九卷。理、法、方、药俱全，理论结合临床经验，内容丰富，博而不繁，词理简明易懂，对临床、教学、科研均有一定参考价值。

参考文献：《平乡县志》《中医人名辞典》《中医人物词典》《河北医籍考》。

李云汉

李云汉，清朝医生。字献朴，河北定州种阜财村人。善眼科，自制方剂数十，著《眼科新方》，书未梓。

参考文献：《定县志》《中医人名辞典》《中医人物词典》《河北医籍考》。

李文炳

李文炳，清朝医家。字焕章，交河（今河北泊头）人。曾任奎文阁典籍。精于医术，远法岐黄，近宗仲景，虽奇险之症，每能着手成春，为一时名医。著有《珍珠囊》二卷（今未见）、《仙拈集》（又名《李氏经验广集良方》）四卷，《仙拈集》约成书于清乾隆十九年（1754）。

参考文献：《交河县志》《中医图书联合目录》《中医人名辞典》《中医人物词典》《河北医籍考》。

李成凤

李成凤（1820—1902），清朝医生。字来仪，河北威县人。邃于医术，尤长于伤寒、瘟疫等症。村人某，项生一疡，群医束手，成凤笑曰："易耳。"但捣药敷患处，数日而痂，复数日而痂落。论者谓太仓公解颅理脑，其术不是过也。光绪壬寅（1902）瘟疫大作，延之者踵相接。时成凤已老，犹切脉称药，无间昼夜，终因积劳成疾而卒，卒年八十有三。著有《咽喉科良方》一书，未见传世。

参考文献：《威县志》《中医人名辞典》。

李充庆

李充庆，清朝医生。河北正定人。精于医术，尤擅妇科，活人无算。卒年七十二岁。

参考文献：《正定县志》《中医人名辞典》。

李汝均

李汝均，清朝医家。字维甸，河北泊头人。国庠生，自幼习儒，才质英敏，为文雄浑，精于书法，而屡蹇科场。同治间（1862—1874），年已八旬，始以十一州县第一名考中庠生。汝均旁通医术，精痘诊科。著有《痘疹辨症》二卷，未见流传。

参考文献：《交河县志》《中医人名辞典》《中医人物词典》《河北医籍考》。

李 均

李均，清朝医家。字子衡，号次评，河北南皮人。精外科诊治，求无不应，着手奏效，里人德之。著《美在其中》，未见流传。

参考文献:《南皮县志》《中医人物词典》《中医人名辞典》《河北医籍考》。

李秉钧

李秉钧,清朝医家。字硕甫,交河(今河北泊头)人。究心医术,攻研既久,洞彻药性,精明脉理,有起死回生之誉。

参考文献:《交河县志》《中医人名辞典》。

李 泮

李泮 [pàn](1845—1909),清朝医家。字饮香,河北万全人。廪贡生。嗜读书,一生谨慎,不苟言笑,不轻言诺,为士林所重。屡失意于场屋,中年后设帐授徒,以资糊口。于医学多有研究,课余则施诊,活人甚多。宣统元年卒,时六十五岁。

参考文献:《万全县志》《中医人名辞典》。

李炳藻

李炳藻,清朝医家。字梅臣,交河(今属河北泊头)人。读书屡试不中,去儒就医,于《内经》《难经》及各名家医书,多有研究。治有奇效,求者累累。有著作多种,均佚。

参考文献:《中医人名辞典》《中医人物词典》。

李 钤

李钤 [zhēn]，清朝医家。字珍同，河北南皮（一说宁津）人。例贡生，通医学，精天算，善堪舆，凡金石、青鸟、医药、卜筮之书无所不读。著作颇丰。医学著作有《医学传心录》《女科指南》二书，未见刊行。

参考文献：《南皮县志》《宁津县志》《中医人名辞典》《河北医籍考》。

李朝珠

李朝珠，清朝医家。字佩玫，号坦溪，曲阳（今属河北曲阳）人。咸丰、同治（1851—1874）年间诸生。鄙弃宋明诸儒空谈心性，主张"历实行，济实用"。以医学有益于世，故究心岐黄术。撰《卜医辟误》《医学心得》《药性赋》各一卷，未见梓行。

参考文献：《曲阳县志》《中医人名辞典》《中医人物词典》《河北医籍考》。

李 漮

李漮，清朝医家。字伯清，号禹门、三希道人，河北高邑人。临洮郡丞李鹏程之子。初业儒，顺治八年（1651）举人。尝任滋阳（今属山东兖州）知县，因事谪戍关东。父病膈，遂究心医道二十余年，且以医术济人，有仁声，人称"关西神人"。编纂《身经通考》四卷（1676），系仿朱子《或问》

而为身经问答，仿《禹贡投壶图考》而为身经图说，仿朱子《注疏》而为身经脉说，附以古方。按脉测经，按经测病，按病施剂。

参考文献：《高邑县志》《中医人名辞典》《中医人物词典》《河北医籍考》。

李德中

李德中，清朝医家。字允执，交河（今河北泊头）东李庄人。邑庠生，弃举子业，精岐黄术，求无不应，活人甚多。著有《医学指南》传世。

参考文献：《交河县志》《中医人名辞典》《中医人物词典》《河北医籍考》。

苏文灼

苏文灼，清朝医生。字俊三，交河（今河北泊头）人。廪贡生，候选训导。素通医术，求者不论贫富，无不立应，人皆感之。

参考文献：《交河县志》《中医人名辞典》。

苏尔赓

苏尔赓，清朝医生，交河（今河北泊头）人。附贡生，精医道，有着手成春之誉，不论贫富，有求必应，四乡感其义。"民国"二年（1913），公送"寿世活人"匾，额其门。

参考文献：《交河县志》《中医人名辞典》。

苏道元

苏道元，清朝医家。字秀松，河北沧县人。精于医术，知名乡里。

参考文献：《沧县志·朱昆龄传》《中医人名辞典》。

孙 珴

孙珴［é］，清朝针灸医家。字靖白，交河（今属河北泊头）人。弃儒就医，长于针灸之术，求无不应，有"神针"之誉。素重医德，凡求治者，无不应，活人甚众。乡人感其恩，公送"着手成春"匾，并建碑颂其德，其子孙世其业，亦有医名。

参考文献：《中医人物词典》《中医人名辞典》《交河县志》。

李 銑

李銑［xǐ］，清朝医家。字珍同，河北南皮人。太学生，精天文历算，善堪舆，凡医药、卜筮之书无所不读。与张之洞为友。精医学。撰有《女科指南》《医学传心录》等。

参考文献：《中医人物词典》。

李向南

李向南，清朝医家。河北遵化人。王清任之婿，尽传其术，遂精于医学。后考入太医院，职充御大夫，甚有医名。子绪先、孙小山、曾孙晓峰世传其术，均供职太医院。

参考文献：《中医人物词典》。

李茂实

李茂实，清朝医家。字蕡［fén］其，蠡吾（今河北博野）人。长于儿科痘疹证治。因考订《救偏琐言》《证治准绳》所叙痘疹诸论，删繁就简，参以己见，撰成《痘疹大全指掌集》（1744）。门人罗维寅，传其学。

参考文献：《中医人物词典》。

杜天成

杜天成，清朝医生。字懿德，广平（今属河北广平）人。少业儒，后从父国士学医，精脉理。道光二十二年（1842）当地大疫，施药济人，颇有效验，活人甚多。著有《集验良方》《脉案》等。

参考文献：《广平府志》《中医人名辞典》《中医人物词典》《河北医籍考》。

杜国士

杜国士，清朝医生，河北广平人。精医术，子杜天成得其传，亦以医知名。

参考文献：《广平府志》《中医人名辞典》。

杨照藜

杨照藜，清朝官吏、医家。字素园，河北定州人。为诸生，有文名，道光二十五年（1845）中三甲第三十一名进士。官江西宜黄、临川、金溪等县，后擢道员，以事去官。卜居宁河之南青坨，益博览群书，旁及舆地、金石、历算，尤精于医。著作多种，医学著有《温病纬》四卷和《医方风鉴》，为李文忠、徐季和所佩服。又与王孟英友善，尝为王氏所选《古今医案按选》评点。多刻之江西，兵燹后罕有存者。

参考文献：《定县志》《中医人名辞典》《中医人物词典》《河北医籍考》《唐山卫生志》。

杨德宾

杨德宾，清朝医家。字饮若，河北迁安人。邑庠生，德宾生而颖特，智虑绝人，弱冠补博士弟子，一再应秋试，以家计果，辍业。其祖父邃于医，德宾亦精此术，然素以儒生自居，耻以医问世，富贵者坚请，终拒不应，而田父野老求治，则应其请。虽危症皆应手愈。然颇自慎重，不轻以药投人。德宾生平不喜为人言医理，养身以节摄为务，而不用服饵。人问之，辄曰：死生有命，吾适生其能生者耳，何足多。著有《杨德宾良方》数种，不见传。

参考文献：《迁安县志》《永平府志》《中医人名辞典》《中医人物词典》《河北医籍考》。

吴树蕙

吴树蕙，清朝医生，河北正定人。善医术，尤精小儿科，所活甚众，年九十余而终。

参考文献：《正定县志》《河北人名辞典》。

何诒霈

何诒霈（1779—?），清朝官吏。字春渠，河北正定人。性凝重，简外务，嗜经史文词。早岁受书，卓然欲以文章名世。及长，博学强识，极深研几，功力加人数倍。十六游庠，十九食饩［xì］，二十六登嘉庆甲子（1804）贤书，乙丑（1805）连捷以第十七名魁会榜，即用知县改就教职，铨河间教授。诒霖旁通医术，所全活甚多。晚岁著述甚富，医学方面有《儒医主臬》一书，今未见。

参考文献：《正定县志》《中医人名辞典》《中医人物词典》《河北医籍考》。

沈　镜

沈镜，清朝医家。字薇垣，河北河间人。辑有《删注脉诀规正》二卷、《图注难经脉诀》六卷，刊于康熙三十二年（1693）。

参考文献：《贩书偶记续编》《中医图书联合目录》《中医人名辞典》。

张化凤

张化凤，清朝医生。字超凡，交河（今河北泊头）人。精通医术，求无不应。

参考文献：《交河县志》《中医人名辞典》。

张书绅

张书绅，清朝医家。字佩之，河北霸州策城镇人。庠生，善画山水人物，精岐黄学，于妇科为最精，求医者陆续不绝。暮年闭户著书，不就外医。子四，以耕读为本。著有《妇科》若干卷，未梓而卒。

参考文献：《霸县新志》《中医人名辞典》《中医人物词典》《河北医籍考》。

张甘僧

张甘僧，清朝医家。字佛村，河北南皮人。岁贡生，光绪间（1875—1908），以子瑜森四品衔特用同知，赠中宪大夫。通医理，著有《针灸摘要》《外科集要注解》《眼科经验良方》《无复点云生》等书，未见刊行。

参考文献：《南皮县志》《中医人名辞典》《中医人物词典》《河北医籍考》。

张号曾

张号曾，清朝医生，河北正定人。习儒而通医理。所读五经及医书，皆手自抄录。卒年九十余岁。

参考文献：《正定县志》《中医人名辞典》。

张守沂

张守沂，清朝眼科医家。字云泉，河北南皮人。增广生，精医学，著有《眼科精微》行世。

参考文献：《南皮县志》《中医人名辞典》《中医人物词典》《河北医籍考》。

张岚清

张岚清，清朝医生，馆陶（今河北馆陶）人。邑名医张同心曾孙。岚清绍承家学，亦精医术。

参考文献：《馆陶县志》《中医人名辞典》。

张希载

张希载，清朝医家，河北永年人，廪贡生。少勤学，游邑庠，食饩，试辄北，慨然思所以自见，改习岐黄之术，施药济人，尤善痘疹。尝著《痘疹精要集》，未见传世。

参考文献：《永年县志》《中医人名辞典》《中医人物词典》《河北医籍考》。

张武魁

张武魁，清朝医家。字英豪，河北南宫人。邑名医张峻德之孙。武魁亦精岐黄术，活人甚众。同治、光绪（1862—1908）年间有医名。擅痘疹证治。著有《痘疹辨难》两卷，未见传世。

参考文献：《南宫县志》《中医人名辞典》《中医人物词典》《河北医籍考》。

张永清

张永清，清朝医生，河北献县人。清朝太医院院使，五品衔。

参考文献：《献县志》。

张永安

张永安，清朝医生，河北献县人。清朝太医院吏目，九品衔。

参考文献：《献县志》。

张永荫

张永荫，清朝医家。字海飚，河北南皮人。增生，精医学，就诊者常满门，活人无算。著有《针灸摘要》一卷、《集益济生》一卷、《济世建白》一卷、《戒烟方论》一卷、《喉科白腐要旨》一卷、《勿药玄铨》一卷，均未见流传。

参考文献：《南皮县志》《中医人名辞典》《中医人物词典》《河北医籍考》。

何景才

何景才（1848—?），清朝外科医家。字羡亭，河北三河人。幼时家贫失学，后习疡科，虚心求高明，日久其术益精。三十余年朝夕临证，多有心得。晚年撰《外科明隐集》四卷（1902），述外科诸证病因方治等，附有医案。

参考文献：《中医人物词典》。

张同心

张同心，清朝医家。字协力，馆陶（今属河北馆陶）庄固村人。少年时因母有病改学医，广泛搜集验方、药物，救治世人。疗病者不分贫富贵贱，均精心诊治。其尤贫者，手制药饵赠之，且施以粥饭。遇奇险疑难诸症，审脉察机，应病投药，多有疗效，数十里内外就医者络绎不绝。晚年著有《脉诀简要》《妇科要旨》等，未见流传。卒年八十五。子玉振，孙锡龄、锡朋，曾孙岚清，世精其术。

参考文献：《中医人物词典》《中医人名辞典》《馆陶县志》。

张同德

张同德，清朝喉科医生。字共善，河北威县人。诵读余暇，喜抄方书，思以医术鸣于世。继念医学广大，非一人聪力所能遍习，于是专治咽喉。凡《喉科指掌》《白喉忌表》《走马喉疳》诸书，无不潜心研究，因乎古而不泥乎古，常得古人法外意，故凡所诊治，无不立效。著《喉科秘诀》，未见刊行。

参考文献：《威县志》《中医人名辞典》《中医人物词典》《河北医籍考》。

杨亶骐

杨亶［dǎn］骐，清朝医家。生卒未详。字翼垣，晋县（今河北晋州）栖底人。恩贡生。幼聪敏，十八岁游庠，科岁两试悉作压卷，潘学院锡恩特张独榜高列，正定十四属第一。乡试屡荐不受。隐居教授、成就及门。晚精医学，著《寿世宝笺》一书，卒年七十有九。

参考文献：《晋县志科》《中医分省医籍考》《中医人名辞典》《晋州志》。

张国光

张国光，清朝医家。河北大城人。太学生，长于医术。凡《素问》之所解、《医宗金鉴》之所陈、石室之所录，无不备览。以暨丹溪、蒙筌、时珍、仲景之说，参观而互相发明，抉阴阳之奥，泄造化之精，通八难于八风，别五声于五运。以王叔和《脉经》难记，因作《脉诀指南》，由博返约，令初学易入法门，直于此道三折肱矣。大抵医家每祖张氏汗、吐、下三法，风、寒、暑、湿、燥、火六门，以为关键。其治多攻泻，不善学之，往往杀人。公独扼其要、折其中，善导而不力攻，尚补而不尚泻，故虽补而不偏于补，不攻而更妙于攻，临证三十余年，一无失手。公心存普济，尤恤孤贫，其不能具车马者，辄徒步随之行，虽沐雨栉风不觉其劳也。自制诸膏丹丸散，莫不神验，暮年训子成名，以继其志。著有《脉诀指南》四卷，未见传世。

参考文献：《大城县志》《中医人名辞典》《中医人物词典》《河北医籍考》。

张　炎

张炎，清朝医生，河北永年人。诸生，以孝义著称。知医，以药济人，不论财利。卒年九十四。

参考文献：《永年县志》《中医人名辞典》。

张德明

张德明，清朝医生，河北景县桑园社人。家贫而廉洁自持，以中医为业，针灸为妙。正值霍乱盛行，治者辄愈。慷慨救济，废寝忘食，乡里无不称誉。

参考文献：《景县志》。

张德庆

张德庆，清朝医生。字云陵，河北沧县人。文炳五世孙，少孤。善读书，于《素问》《内经》尤精。常云：济世活人，良医同于良相。益究心二渺，遇疑难症无不应手奏效。兼施药饵以济贫。后津人李某，以礼邀，医其记室。某素无疾，求诊，决其月内必死，托诸仙以乩书示之，及期果应。

参考文献：《沧州市卫生志》。

张临丰

张临丰，清朝医家。字润田，河北青县伊家庄人。国学生。自幼研医十余年，内科既胜，外科尤精，舍药施方，有求必应，冲风冒雨，无恙不医，不择贫富，不论贵贱，悉为尽力。咸丰九年（1859），瘟疫流行，同治元年（1862），又复大作，传染蔓延，比户惊惶，一若大难之将至，医怀戒心，屏足观望。临丰慨然出医，至数日不及家门，全活无算。又善治奇症恶疾，针砭之余，施以割剖，无不应手奏效。有《张临丰医案》存于其家。润田寿七十三。

参考文献：《青县志》《中医人名辞典》《中医人物词典》《河北医籍考》。

张峻德

张峻德，清朝医家。字克明，清代南宫（今属河北南宫）人。精岐黄术，著《济世丛书》六卷。子孙相继习其业。子辉廷（朝甫）著《胎产保元》两卷，孙武魁（英豪）著《痘疹辨难》两卷，均附于《济世丛书》后。

参考文献：《南宫县志》《中医人名辞典》《中医人物词典》《河北医籍考》。

张培绪

张培绪，清朝医生，河北肥乡人。精医理，济世活人，唯恐不及。年七十，无疾而终。

参考文献：《肥乡县志》《中医人名辞典》。

张雁题

张雁题，清朝官吏。字杏园，河北南皮人。自幼聪慧，乾隆乙酉（1765）拔贡。英年高才，意气不可一世，而一试大廷不第，遂郁郁无聊。初就职北城兵马指挥，在官三月，告归，不复出。兼知医理，著有《所慎集医书》六卷，未见刊行。

参考文献：《南皮县志》《中医人名辞典》《中医人物词典》《河北医籍考》。

张辉廷

张辉廷，清朝医家。字朝甫，河北南宫人，邑名医张峻德之子。辉廷继承父学，亦业医。长于妇产诸症疗治。著有《胎产保元》二卷，未见传世。子张武魁，传父业。

参考文献：《南宫县志》《中医人名辞典》《中医人物词典》《河北医籍考》。

张善启

张善启，清朝医家，河北青县人。著有《妇科经验集》

一书，未见传世。

参考文献：《青县志》《中医人名辞典》《河北医籍考》。

张锡龄

张锡龄，清朝医生，馆陶（今河北馆陶）庄固村人。邑名医张玉振之子。锡龄与弟张锡朋皆工医术，知名于时。

参考文献：《馆陶县志》《中医人名辞典》。

张锡朋

张锡朋，清朝医生，馆陶（今河北馆陶）庄固村人。邑名医张玉振次子。锡朋与兄张锡龄皆工医术，知名乡里。

参考文献：《馆陶县志》《中医人名辞典》。

张肇基

张肇基，清朝医家。字培元，河北南皮人。医学渊博，尤精痘疹。著有《痘疹要论》两卷，未见刊世。

参考文献《南皮县志》《中医人名辞典》《中医人物词典》《河北医籍考》。

张　镇

张镇（？—1868），清朝校勘学家。字式如，河北丰润齐家坨人。丹徒县令张印坦次子。镇少得足疾，绝意仕途。从父宦游江浙，读书以自娱。好藏书，所收宋、元孤本及清初乾嘉诸儒手校之本百余种。经史外，旁及音律、医卜诸学。同治戊辰，卒于华亭。生平校注之书甚多，医书有《古方辑要》六卷、《傅子定本》四卷、《金镜注》一卷，未见流传。

参考文献：《丰润县志》《中医人名辞典》《中医人物词典》《河北医籍考》《唐山卫生志》。

张露锋

张露锋，清朝医家。字子锐，号敏卿，河北徐水人。素通医学，精于脉理，有求必应。著有《医学指南》二卷，未见传世。

参考文献：《徐水县新志》《中医人名辞典》《中医人物词典》《河北医籍考》。

陈五典

陈五典，清朝医家，古邺（今河北临漳）人。著有《救急便方》二卷，刊于康熙丁未（1667）。

参考文献：《贩书偶记续》《中医人名辞典》。

陈永图

陈永图，清朝医家。字怀亭，河北满城人。邑庠生，为人淡名利，精医术。著有《医方备览》，未梓。

参考文献：《满城县志略》《中医人名辞典》《中医人物词典》《河北医籍考》。

陈　志

陈志，清朝官吏。交河（今属河北泊头）人。嘉庆六年（1801）拔贡，旁通医理。撰《岐黄便录》四卷，未见。

参考文献：《交河县志》《中医人名辞典》《中医人物词典》《河北医籍考》。

陈　钰

陈钰，清朝医家。字联璧、怀亭子，河北满城人。幼承庭训，博学工书，精医术，不求仕进。施药济人，尤精小儿科。求诊者无不立应，所全活甚众，乡里感之。著有《思乐轩诗草》《痘疹秘诀》。子四人，子陈之彬业医。

参考文献：《满城县志略》《中医人名辞典》《中医人物词典》《河北医籍考》。

陈瑞鸿

陈瑞鸿，清朝医家。字步逵，祖籍山阴（今浙江绍兴），后迁清苑（今河北清苑）。好读书，中岁染沉疴而致失聪。自伤身有废疾，又慨世乏良医，遂攻习岐黄，至忘寝食，遂精医术。及以医问世，诊病如洞见肺腑，延请者无虚日。问证以笔代口，应手取效。素重医德，遇贫病者以药资助之。远近皆知有"陈聋子先生"，年六十七岁卒。著有《德星堂医案》《医术拾遗》，未见刊行。

参考文献：《保定府志》《中医人名辞典》《中医人物词典》。

陈 楹

陈楹，清朝医生。字殿柱，河北南宫人。工医术，治病以意立方，不拘成法，多奇效。凡求治，不分贫富必往，寒暑不辞，其贫者更助以药，乡里皆称之。

参考文献：《南宫县志》《中医人名辞典》。

陈 简

陈简，清朝医家。字以能，清代安州（今河北安新）人。精于医。著《痘疹心传》《伤寒暗室明灯论》等，均佚。

参考文献：《保定府志》《中医人名辞典》《中医人物词典》《河北医籍考》。

陈熙年

陈熙年，清朝医生。字遐龄，河北南宫人。邑庠生，博览众书，尤精医学。虽极险之症，着手成春，活人无算。

参考文献：《南宫县志》《中医人名辞典》。

陈德荣

陈德荣，清朝医生，交河（今河北泊头）人。精医术，专擅眼科，有独到妙方。素重医德，凡求治者，无不立往，遇贫者分毫不取，且施以药，遐迩感佩。

参考文献：《交河县志》《中医人名辞典》。

陈德新

陈德新，清朝医家。字辉彩，河北南宫交马寨后陈村人。精岐黄，活人甚众。寿七十八，无疾而终。著有《经验良方》二卷、《集验良方》二卷。

参考文献：《南宫县志》《中医人名辞典》《中医人物词典》《河北医籍考》。

陈耀昌

陈耀昌，清朝医家。字绪熙，清代安州（今河北安新）人。嘉庆六年（1801）三甲第一百四十四名进士，官国子监助教。精岐黄术，著有《医方集腋》。

参考文献：《保定府志》《中医人名辞典》《中医人物词典》《河北医籍考》。

范永华

范永华，清朝医生。字寿山，河北泊头人。为人忠厚，品行端方。善岐黄术，病家延请，风雨不辞，着手即愈。殁后四乡犹念念不忘。

参考文献：《交河县志》《中医人名辞典》。

苗 明

苗明，清朝医生。字皓月，清代南宫（今属河北南宫）

人。邑庠生，性情严正，学问渊博，尤潜心医书。治病不索谢，远近皆称之。子文钦入庠，亦授以医学。

参考文献：《南宫县志》《中医人名辞典》。

苗文钦

苗文钦，清朝医生，河北南宫人。庠生，父苗明，以儒通医，文钦得父传，以医术活人，远近知名。

参考文献：《南宫县志》《中医人名辞典》。

尚 械

尚械（1825—1905），清朝医家。号古堂，涿县（今河北涿州）人。深明医理，善治天花，纯用温补等药，投之辄效。人问其故，答曰："旧日治花，每于结痂后必用一剂泻药，以免余毒不尽。今避而不用者，以近日早婚，所生小儿先天不足，故不宜用寒凉或消导之药也。"其时种痘尚未大行，凡小儿出花者，皆抱请医治，药到病除，百无一失，人咸感之。其论药中五味子，则谓捆肺如绳，凡年壮力强者患痰喘，用之极效，若年老气衰，用之则干嗽无痰，一二日气塞必死，颇有经验。光绪三十一年卒，年八十岁。著有《经验良方》《杂症治验》，今佚。

参考文献：《涿县志稿》《中医人物词典》《中医人名辞典》《河北医籍考》。

罗本立

罗本立，清朝医生，河北万全人。辑有《便用良方》二卷。所辑简便易行之方，分为二十五门，共录一千余首方，方皆对症处之，便于应用。成书于清嘉庆十九年（1814），现存嘉庆十九年、嘉庆二十年刻本。

参考文献：《贩书偶记续编》《中医人名辞典》。

罗振魁

罗振魁，清朝医生，临漳（今河北临漳）人。精岐黄术，施药济人，不受馈谢，乡间德之。

参考文献：《临漳县志》《中医人名辞典》。

金可砺

金可砺，清朝医生。字子卓，顺天永清（今属河北永清）人。善医。初为某王门下医药房供役，年老退居乡村，救治乡民。不问贫富，不避风雨，所治多效，人争延之。

参考文献：《顺天府志》《中医人名辞典》《中医人物词典》。

周飞鹏

周飞鹏，清朝医家。字翼云，河北南皮人。精于医术。著有《周氏经验良方》行世，今未见。子周冠三，能世其业。

参考文献：《南皮县志》《中医人名辞典》《中医人物词典》《河北医籍考》。

周冠三

周冠三，清朝医生，河北南皮人，邑名医周飞鹏之子。冠三袭承父学，亦业医。

参考文献：《南皮县志》《中医人名辞典》。

郑之楩

郑之楩［pián］，清朝医家。字对楠，河北南皮人。仓部郑金之孙，司训郑登瀛子也。幼聪颖，经书过目成诵，更善舞剑。稍长时发痰疾，作癫狂状，因废学焉。求医治之，久而愈，遂业岐黄，精其道，谈大方脉者，无出其右。诊脉有奇验，药可回生也。一日诊病人，有壮者曰：视我脉？楩诊毕曰：有贵恙，幸保重之。壮者怒曰：我何病？特戏耳，若谓真耶。拂衣而去。楩从容告旁观者曰：此人真病，彼不觉也。不急治，恐阳生后莫救矣。此初秋时言也，后果于冬至之夕暴卒，其神异皆类此。四方迎请及就诊者，踵接于门。著有《郑子楩医案》百余卷，未见流传。

参考文献：《南皮县志》《中医人名辞典》《中医人物词典》《河北医籍考》。

郑 欐

郑欐［lì］，清朝医家，生卒未详。字积厚，河北博野人。弱冠补博士弟子员，乾隆元年（1736）举孝廉方正，七年举乡饮大宾。生平不饮酒，不戏谑，潜心于医书，亲制药饵，详择古方以济人。年七十六岁卒。辑有《广仁集》一书，未见传世。

参考文献：《博野县志》《中医人名辞典》《中医人物词典》《河北医籍考》。

荣玉璞

荣玉璞（1832—1899），清朝医家。字琢之，河北霸县堂二里人。邑名医荣励仁之子。玉璞幼年丧母，十九岁弃诗书从父习医。妇科以外，尤精于瘟疫、伤寒。为人治病不分贫富，亦不论昼夜，求之必应，延请者甚众。光绪二十五年（1899）卒，年六十八岁。著有《妇科指南》二卷、《伤寒易解》二卷，藏于家。有子四人，均能传父业。

参考文献：《霸县新志》《中医人名辞典》《中医人物词典》《河北医籍考》。

荣励仁

荣励仁，清朝医生，河北霸县堂二里人，精医术。子荣玉璞，传其业，声名益著。

封大纯

封大纯，清朝医家。字粹然，交河（今河北泊头）人。邑庠生。初习举业，屡试不售，遂专业岐黄，为一时良医。著有《医学心法》四卷，未见传世。

参考文献：《交河县志》《中医人名辞典》《中医人物词

典》《河北医籍考》。

孟文瑞

孟文瑞，清朝医家。字荇洲，清代洵阳（今河北三河）人。嗜岐黄术，凡遇得心应手之方必录，或系家传，或采群书，要在试之有验。经三十余年积累，择其要，复采谢金声（玉堂）新录《回生集》《经验集》两书之精粹，合辑为《春脚集》四卷（1846），按人身部位类列方，并附内、外、妇、幼四科选方。

参考文献：《中医人物词典》。

郝　瀛

郝瀛（1795—1888），清朝医家。字仙洲，三河（今属河北三河）人。孝廉，后隐于医。早年为事亲而潜心医学，邻里有疾求治者每多全活。晚年辑其六十余年临证心得，撰成《医方经验》四卷（1888）。此书以症类方，有案有断，所选方剂或依古方，或自创制。

参考文献：《中医人物词典》。

赵玉玺

赵玉玺，清朝医家。字梦梅，河北南皮人。庠生，磊落不群，慨然有济世志。于医家书，无不精意研究，病者应手立愈。著有《经验良方》。孙赵爱棠、赵召棠，能世其业，皆为近时名医。

参考文献：《南皮县志》《中医人名辞典》《中医人物词典》《河北医籍考》。

赵爱棠

赵爱棠，清朝医生。河北南皮人。邑名医赵玉玺之孙。赵爱棠与弟赵召棠，皆能世祖业，俱为当时名医。

参考文献：《南皮县志》《中医人名辞典》。

赵召棠

赵召棠，清朝医生。河北南皮人。邑名医赵玉玺之孙。召棠与兄赵爱棠均以医知名。

参考文献：《南皮县志》《中医人名辞典》。

赵震一

赵震一，清朝医家，青县（今河北青县）人。精于医理，济世活人唯恐不及。年九十六岁，目齿犹精坚。自著《复阳回生集》一卷，未见流传。

参考文献：《青县志》《中医人名辞典》《中医人物词典》《河北医籍考》。

赵德源

赵德源，清朝医生。字体乾，交河（今属河北泊头）人。武庠生，精医术。疗病不论贫富，唯问病之缓急，依次诊治，活人甚众。

参考文献：《平原县志》《中医人物词典》《中医人名辞典》。

胡大中

胡大中，清朝医家。字致堂，永年（今河北永年）人。幼通医学，得同邑饶大源指授，术益精。痘疹、伤寒两门，为当时所推重。同治、光绪间，旱灾之后，瘟疫流行，一家中至走避不相省视。大中救之唯恐不及，途遇病者即医之，日走数十家，未尝有倦色。自道光二十六年（1846）至同治六年（1876），凡遇奇病变症，必记其病势原委，用药次第，分门详注，后录偏方数十，皆治奇难症而方不见经者。著有《临证方脉论》一卷、《枕藏外科形图诸症》一卷、《临证摘录经验良方》。

参考文献：《广平府志》《中医图书联合目录》《中医人物词典》《中医人名辞典》《河北医籍考》。

姜玉玺

姜玉玺，清朝医家。字国宝，邯郸（今河北邯郸）人。性豪爽，精岐黄术，长于治蛊，被疗治者罔不愈。著《治蛊秘方》，惜自其子姜建极后失传。

参考文献：《邯郸县志》《中医人物词典》《中医人名辞典》《河北医籍考》。

姜建极

姜建极，清朝医生。河北邯郸人，邑名医姜玉玺之子。建极性聪慧，入泮后，弃儒业医，声誉不减其父。父子二人均善治蛊，惜其方未能流传。

参考文献：《邯郸县志》《中医人名辞典》。

姜臣烒

姜臣烒，清朝医生，河北正定人。精医术，常施药济贫，全活甚众。

参考文献：《正定县志》《中医人名辞典》。

魏荔彤

魏荔彤（1671—?），清朝医家。字庚虞，号怀舫，柏乡（今属河北柏乡）人。吏部尚书魏裔介之子。荔彤自幼习儒，十二岁补弟子员。后捐资为中书舍人，选任凤阳郡丞，在任六年，升漳州知府。此后，历任江、常、镇诸道观察使，兼摄崇明（今属上海市）兵备道。致仕后，寓居苏州濂溪坊，杜门著述。雍正四年（1726）患痿痹疾，遂还故里。荔彤博学多识，精诗文，旁通天文、地理、医学、卜筮等。著于医学，甚精仲景伤寒学，纂释有《金匮要略本义》二十二卷（1720），《伤寒论本义》十八卷及卷首、末各一卷（1721），诠释颇详，或有发挥，然亦不乏附会之处。又撰《素问通解》《内经注》《灵枢经通解》等，均佚。

参考文献：《赵州属邑志》《中医人物词典》《河北医籍考》《中医人名辞典》《清史稿·吴谦传》《清诗别裁集》《柏乡县志》《苏州府志》《中医图书联合目录》。

姚左庭

姚左庭，清朝医生。原籍江西人，后迁居河北永平府（今河北卢龙县）。两世业医，精其术，活人甚众。

参考文献：《永平府志》《中医人名辞典》。

袁荫元

袁荫元，清朝医家，生活于 19 世纪下半叶。字心梅，沧县（今属河北沧县）人。增贡生，博学多文，工书法，精岐黄。著《伤寒医牖》，今未见。又谙水利，尝献策解乡邑水涝，民受其福。

参考文献：《沧县志》《中医人物词典》《中医人名辞典》《河北医籍考》。

贾光明

贾光明（1815—1889），清朝医家。字月塘，河北固安南赵庄人。先世由霸州香营迁入。18 岁入霸州州学，专心攻读明、清各名家文章，精选评识，抄录成册，文学造诣颇深。他性格刚直，心地善良，处事严谨，然屡试不中。23 岁后遂放弃仕途，以教书为业。1840 年京南诸县霍乱肆行，致使数万人丧命，他很受震动，乃利用教书闲暇潜心钻研医术，遍访名医，广集民间秘方，治愈大量患者。1865 年后开始集毕生所学和从医经验，编纂完成《医学精要》十册，几十万字，集脉候、方剂、针灸、奇剂、秘方之大全，惜已大部分失散，只有《针灸秘要》及《经验方剂》两册留传于世。子芳芝，独传其学，尤以针灸见长，以神效名著一方。生于嘉庆二十年八月十四日，卒于光绪十四年十二月二十七日，春秋七十有四。

参考文献：《固安文献志》《中医人物词典》《中医人名辞典》《河北医籍考》《固安县志》。

贾芳芝

贾芳芝，清朝医生。河北固安赵庄人，祖籍霸州。儒医贾光明之子，芳芝传父学，于针灸术尤有妙悟，临证多神效，名冠于时。

参考文献：《固安文献志》《中医人名辞典》。

贾俊杰

贾俊杰，清朝医生。字在位，河北新河人。精于医术，尤擅小儿痘科，虽极险危之证，治之鲜不奏效，名播远近。

参考文献：《新河县志》《中医人名辞典》。

徐梦松

徐梦松，清朝医生。字兆麟，清代邯郸（今属河北邯郸）人。康熙元年（1662）恩贡。幼失怙恃，刻志攻读，弱冠入庠，旁通岐黄，济人无算。著《管见佐议》六卷，未见流传。

参考文献：《邯郸县志》《中医人物词典》《中医人名辞典》《河北医籍考》。

高宇泰

高宇泰，清朝医生。字静斋，交河（今属河北泊头）人。太学生。业岐黄五十余年，遇贫施药，毫无德色，延请者踵至，亦不惮烦。著有《保产集》藏于家，待梓。

参考文献：《交河县志》《中医人物词典》《中医人名辞典》《河北医籍考》。

高　震

高震，清朝医生，河北成安人。贡生，精于医术。成安县曾流行疫疠，震以药饵疗救，全活甚众。

参考文献：《成安县志》《中医人名辞典》。

郭文涛

郭文涛，清朝医生。字汇珠，号柳溪，交河（今属河北泊头）人。博览历代医书，精于方脉。凡他医束手之证，文涛治之多愈。生平著述甚多，惜皆散佚不存。弟子封大纯，得其传。

参考文献：《交河县志》《中医人名辞典》。

郭延朴

郭延朴，清朝医生。字素民，河北青县山呼庄人。业岐黄有声，起沉疴有案。夫医术虽本阴阳五行，而临证立方尤贵明理，所谓非心得不成，观其论症，具有领要，名之曰医宜矣。撰有《郭延朴医案》，未梓。

参考文献：《青县志》《中医人物词典》《中医人名辞典》《河北医籍考》。

胡光汉

胡光汉，清朝医家。生于清咸丰十一年五月二十二日，卒于"民国"十八年八月初六日。字文伯，河北霸州堂二里人。儒医胡可均之次子。幼承庭训，得读《脉经》及医方、本草诸书，且恒随其父出诊，以是亦精于医。纵横数十里，求诊者踵足相接，全活无算。光绪二十八年（1902）春夏之交，霍乱大作，传染甚烈。光汉因时与病者接触，亦罹斯疾，吐泻不已。时邻村有郝姓者，一家四口，病势危殆，踵门延请，情极恳挚。家人以现罹疾病，竭力劝阻出诊。光汉乃曰：倘全活一家，吾一命何足惜。遂毅然前往，途中时吐时泻，踬而复起者不知凡几，郝姓一家果庆更生，乡里感其义。著有《经验医方集锦》一书。

参考文献：《霸县新志》《中医人物词典》《中医人名词典》《河北医籍考》。

赵功甫

赵功甫，清朝医生，河北阜平人。生活于 18 ~ 19 世纪间。精治儿科病证，处方用量极轻。尝谓孩儿腹小，须胃气足以运化药力，始能奏效。其量胃气而后施方之理念对王孟英颇有启发。

参考文献：《中医人物词典》。

哈文林

哈文林，清末医生。回族，河北保定人。少时体弱多病，因嗜好医学，博览群籍，潜心玩索有年，对眼科尤有心得。生活俭朴，诊金每施贫苦患者。堂弟哈昆弟，精于外科，与文林并称"保定二哈"。子振冈，继其业。

按：哈振冈，有书也称为哈振纲。

参考文献：《中医人物词典》。

祝补斋

祝补斋，清朝官吏。号西溪外史，古瀛（今河北河间）人。知医，曾取古今临床各科有效之成方、单验方及各种外治法等汇编成《卫生鸿宝》六卷（1844），内容通俗实用。后高味卿增补为《增补卫生鸿宝》。

参考文献：《贩书偶记续编》《中医人名辞典》《中医人物词典》。

袁凤鸣

袁凤鸣，清朝医家，临漳（今属河北临漳）人。举人，著《药性三字经》两卷。其中《青囊药性赋》收药四百九十九种，汇诸家精论，参以己验，编为三字韵语。此书新中国成立后由族人献出重刊。

参考文献：《中医人物词典》。

郭　铉

郭铉，清朝医生。字鼎隆，河北大名人。廪生，好蓄书籍，不苟言笑，士林雅重之。后行医，精于痘科，保全甚众。著有《一心合集》，未见刊刻。

参考文献：《大名县志》《中医人名辞典》《中医人物词典》《河北医籍考》。

曹士法

曹士法，清朝医家，河北隆平（今河北隆尧）人。邑庠生，入泮后，博览医籍，终年披读，无间晨昏。久之精医理，济世活人，耄老不倦。著有《经验良方》一书，未见刊行。享年八十二岁。孙曹汝正，字慎修，邑庠生，能绍家传，诊病立方，无不立效，可谓世济其美矣。

参考文献：《赵州属邑志》《中医人名辞典》《中医人物词典》《河北医籍考》。

曹汝正

曹汝正，清朝医生。字慎修，河北隆平（今河北隆尧）人。儒医曹士法之孙。汝正早年习儒，为邑庠生，能绍承家学，诊病立方，无不立效，有名于时。

参考文献：《赵州属邑志》《中医人名辞典》。

萧健图

萧健图，清朝医生。字铁崖，交河（今属河北泊头）人。监生，精岐黄，着手成春，一时远近莫不钦仰。著有《验方类编》《伤寒论》等书，未见刊行。广平府武延绪题联云："济世当为天下雨，问年如对老人星。"子萧壬恂，克绍父业，亦良医。

参考文献：《交河县志》《中医人名辞典》《中医人物词典》《河北医籍考》。

萧壬恂

萧壬恂，清朝医生，交河（今河北泊头）人。邑名医萧健图之子。壬恂继承父业，亦为良医。

参考文献：《交河县志》《中医人名辞典》。

萧廷龙

萧廷龙，清朝外科医生。河北鸡泽人。精医术。济南德藩世子项下起一粒，唯患痒，御医进以苦寒药，头面遍身皆肿。时廷龙在济南，应命诊视，于喉处刺一针，须臾出脓血甚多，世子开眼索食，三日愈。其奇验多类此。子良臣，亦以医道济人。

参考文献：《鸡泽县志》《中医人名辞典》《中医人物词典》。

萧良臣

萧良臣，清朝医生。河北鸡泽人。邑名医萧廷龙之子。良臣绍承父业，亦以医道济世，屡有神效，郡县官吏皆赠匾奖之。

参考文献：《鸡泽县志》《中医人名辞典》。

魏汝霖

魏汝霖，清朝医家。字载泽，河北柏乡西路村人。早游泮宫，厌科举业，悉心研究岐黄之术，于古今医学大家书籍无不会通。及出而应世，遇贫苦病家，格外体恤。遇奇难剧症，奏效如神。邑令金颂联云："回春我谓一弹指，济世人称三折肱。"先生晚年犹嗜《伤寒论》，如饥似渴，所著有《伤寒补注》《金匮补注》待刊。卒于光绪二十二年，享寿七十有四。

参考文献：《柏乡县志》《中医人物词典》《中医人名辞典》《河北医籍考》。

冀 栋

冀栋，清朝医家。字任中，直隶永年（今属河北永年）人。康熙五十四年（1715）进士，官至左副都御史，精通医术。有妇人因产未下而"暴死"，将殓，视之，见其血痕，以针刺之，得复苏，婴儿亦得生。尝以信石（砷）治腹中虫，且论及肠寄生虫之抗药性。常赴宫内治病，无不神效，特赏加二品顶戴，赐"福"字蟒服，兼理太医院事。年六十余以疾卒。子冀方煜、冀方然俱举人。著有《伤寒论》等篇，已佚。

参考文献：《广平府志》《中医人物词典》《中医人名辞典》《河北医籍考》。

康应辰

康应辰，清朝医生。字晓峰，河北迁安花亭庄人。廪膳生，耕读传家，学问广博，尤精医术。著有《医学探骊》六卷，刊于宣统二年（1910），述脉学、经穴、针药及诸科杂症。

参考文献：《迁安县志》《中医图书联合目录》《中医人名辞典》《中医人物词典》《中国分省医籍考》。

阎玉山

阎玉山，清朝医生。交河（今属河北泊头）人。尤精眼科，有求必应，治辄有效，远近闻名。年逾七旬，求诊者犹车马盈门。

参考文献：《交河县志》《中医人名辞典》《中医人物词典》。

阎纯玺

阎纯玺，清朝官吏。字诚斋，上谷（今属河北易县）人。曾任广西左江观察使。涉猎医书，精医学要旨。以为胎产一门系及宗嗣与母子二命，《达生编》虽切实用，而一切兼夹与外感病及险难之症皆少载述，因专研妇产科医籍，折中前贤，博采众方，历三十年，于雍正庚戌（1730）撰成《胎产心法》三卷。此书分述胎前、临产、产后正常生理及常见病证治和护理。后经沈楑增纂为《增订胎产心法》五卷（1935）。

参考文献：《中国医学大成·总目提要》《中医图书联合目录》《中医人名辞典》《中医人物词典》。

蒋浚源

蒋浚源，清朝医家，生卒未详。字哲亭，河北遵化人。精医理，于古方书无所不读，慨医学失其真。著《医学梯航》《伤寒歌》二书，后者曾刊刻行世，今未见。

参考文献：《遵化县志》《中医人名辞典》。

董如佩

董如佩，清朝医家。字璲臣，河北沧县（今河北沧县）人。岁贡生，候选训导。工书，善诗赋，尤精于医。值时多艰，以耕读自乐。光绪（1875—1908）初年，辑有《验方薪传》一书，行于世，今未见。

参考文献：《沧县志》《中医人名辞典》《中医人物词典》《河北医籍考》。

董芳三

董芳三，清朝医生。字芬堂，河北南宫人。精医术，治病多佳效，全活甚众，名噪于时。

参考文献：《南宫县志》《中医人名辞典》《中医人物

词典》。

韩桂林

　　韩桂林（1841—1919），清朝医生。泊头文庙镇齐捻村人。18 岁曾拜老中医为师，25 岁身经临床。他不计名利，精内、外、妇、儿及眼科，尤其对妇科胎产前后诸症治疗有独到之处。诊病用药，尊古而不泥古，处方灵活适度，起死回生不胜枚举。年五旬，德高望重，享誉百里。光绪二十二年（1896）村人公送"道心仁术"匾额，晚年载入交河旧县志。他积累临床病案，结合一生实践，整理了一本《妇科医案》，寓理、法、方、药于一体，经后人应用，疗效显著。

　　参考文献：《交河县志》《中医人名辞典》《沧州地区卫生志》。

韩凌霄

　　韩凌霄（约 1802—1881），清朝医家。赵州（今河北赵县）人。父奉君，擅岐黄术。得家传，以姻亲杨瑞东数世精治痘疹，乃从其习医，得授斑疹辨证及用药之秘。更从业师杨章服学医，精研脉理，于瘟痧二证，辨析尤详。早岁曾著《瘟疫要编》四卷，本书论疫为主，痧证居次，兼及杂证。年近八旬，犹恐前书言不尽意，又取吴又可、刘松峰医论，删繁就简，拾遗补缺，汇成《韩凌霄瘟痧要编》四卷（1881）。从学弟子二十余人。

　　参考文献：《贩书偶记续编》《中医人名辞典》《中医人物词典》。

鲁鸿志

鲁鸿志，清朝医生。字展成，交河（今河北泊头）人。例贡生，以医术知名。治病不索谢仪，遇贫者赠以药饵，周以钱米，必病愈而后安，有"善人"之称。乡里感其德，以"仁术博施"额其门。

参考文献：《交河县志》《中医人名辞典》《中医人物词典》。

焦　璘

焦璘，清朝医家。字越石，河北曲阳人。康熙间（1662—1722）选贡，任满城教谕。兼知医术，撰有《痘疹辑要注》一书，未见刊行。

参考文献：《重修曲阳县志》《中医人名辞典》《中医人物词典》《河北医籍考》。

裴鸿志

裴鸿志，清朝医生。字广涵，清河（今属河北清河）李家庄人。性敏好学，其母多病，鸿志喟然叹曰："事亲不可不知医！"乃弃儒习医，终愈母疾。嗣后，以医向世，能治他医所不易治者。年八十五岁卒。著有《奇症集编》三卷、《五诊脉法》二卷，藏于家。

参考文献：《清河县志》《中医人名辞典》《中医人物词典》《河北医籍考》。

阎洛福

阎洛福（1846—1900），清朝医生，河北涞水北高洛人。精通中医，常常舍药为人治病。洛福为人正直，好义多谋，威望甚高，被村人推为村正（即村长）。1900 年 5 月 16 日，在反洋教斗争中残遭杀害。

参考文献：《涞水县志》。

董 煐

董煐［huáng］，清朝医家。字成章，文安（今属河北文安）人。著有《寿身切术》，集诸症古方治法。此书经张万选增入当时名医张琇、桂闻之论，编为《资生集》一卷（1763）。

参考文献：《中医人物词典》。

樊 恕

樊恕，清朝医家。字仁甫，世居霸县（今河北霸州）香营村。岁贡生。习举业时，曾业于新城县王振纲。振纲精医术，恕诵读之暇，致力于《灵枢》《玉板》，为之阐其义蕴，皆心领而神会，其自信不以问世也有年。迨光绪辛丑天灾流行，病寒温者村几遍。恕睹而悯之，因症施药，应手奏效，贫富皆一视同仁，全活无算。从此名大噪，不能晦，踵门求医者日不绝，遂弃举业而施药。向在本郡与固邑授徒多年，循循善诱，生徒不下数百人，故题其庐曰"教育多方"。教读之余，选录《分类纲鉴》，又辑著《妇科要旨》，俱未梓。录简删繁，变通加减，使读史、学医者皆有成规，一目了然，得其旨趣。光绪二十九年卒。

参考文献：《霸县新志》《中医人名辞典》《中医人物词典》《河北医籍考》。

霍肇基

霍肇基，清朝医生。字健庵，河北万全人。增广生，性澹泊，嗜读书。中年在家设帐，兼习医术。持身谨慎，处世和蔼，教授生徒循循善诱，为人治病不取分文。

参考文献：《万全县志》《中医人名辞典》。

薛景晦

薛景晦，清朝医家。字涵鼎，河北南宫人。性嗜菊，所植多异品。尤善医术，无贫贱富贵，求辄应。著有《宁静斋薛氏医案》六卷、《箧笥录》八卷，藏于家。

参考文献：《南宫县志》《中医人名辞典》《中医人物词典》《河北医籍考》。

纪 昀

纪昀，清朝官吏。生于雍正二年（1724）六月，卒于嘉庆十年（1805）二月。字晓岚，一字春帆，晚号石云，道号观弈道人，河北沧县崔尔庄镇人。历雍正、乾隆、嘉庆三朝，累官任吏部尚书、协办大学士、加太子少保。因其"敏而好学可为文，授之以政无不达"（嘉庆帝御赐碑文），故卒后谥号"文达",乡里世称"文达公"。代表作品为《四库全书总目提要》《阅微草堂笔记》。编辑医学著作有《影钞文溯阁四库全书医书十二种》,约成书于乾隆四十七年(1782)。《四库全书·医家类》,多为宋、元、明、清著名医家之作,载录医籍九十七部。

参考文献:《河北省志·人物志》《中国医籍大辞典》。

刘文太

刘文太,清朝医生。字胜彰,河北新河人。精岐黄术,善治奇疾险证,每多良效。

参考文献:《中医人物词典》。

刘星炜

刘星炜,清朝医生,河北威县人。医德高尚,凡有延之者,人无论贫富,时不问昼夜,无不登时随往,以故人皆德之。光绪壬寅,虎疫(霍乱)盛行,死者相望于街陌,凡经星炜所诊治,或以一针相加遗,靡不回春者。日踥蹀[xiè]于病者之家,刻无宁晷,始则不暇饮食,继则不能饮食,积五六日仅食毕罗(一种食品)二枚,以七十九岁之老翁劳悴至此,将何以堪!未几,病卒。

参考文献:《威县志》《邢台地区志·医药卫生》。

姚老克

姚老克,清朝医生。生于清道光年间,为姚老霞十世子孙。他继承了姚氏正骨医术，以按摩、牵引，辅以膏药，兼服汤液丸散，治疗骨折等外伤。他平易近人，轻财好义，因治愈左副都御史王歧三之股骨骨折症而享名于京南保北。远近数百里，上至清室王公贵胄，朝廷疆吏，下至平民百姓，每日求诊者不绝于门。直隶省道曾为姚老克赠"今之华佗"匾额数块，宗族以此为荣，而老克平淡视之，从不炫耀。老克病故之后，其子孙继承了姚氏正骨秘诀。新中国成立之后，其孙姚德庆将姚氏正骨秘方贡献给国家，并将其膏药秘方编成歌诀教给学生。

参考文献：《易县志》。

王执中

王执中（1829—1898），清朝医家。字允斋，河北盐山旧县镇荣庄村人。青年时代他曾患重病，遂立志习医。系统地研读了66部医学著作，将所学融于临床之中，并将多年的行医经验编纂成《医学精选汇编》手稿6册，包括处方1320个，近10万字。很多疑难病症患者，在其治疗下都转危为安。南皮、乐陵、盐山、庆云一带的患者，前来求医的络绎不绝。他留传下来的9个治疗狂犬病的处方，经后人试用，无不见效。

王执中衣着朴素，平易近人。对贫苦患者优先照顾，乡民称为"王实先生"。他编纂的《医学精选汇编》，1984年由山东乐陵县志办公室复印成册，广为流传。

参考文献：《盐山县志》。

王中枚

王中枚，清朝官吏、医生。四川眉州人。举人，嘉庆七年至十七年（1802—1812）任无极知县。"性情慈惠敦善"，率吏捐献薪俸。于城南齐洽村置地50亩，栽植粮棉新品种，推广县内乡镇，并将种植收入专供兴办邑中医药事业。因其出身中医世家，颇通医道医术，政务之余常行医乡间，为民品脉诊断，足迹踏遍县境。行医中因人、因病、因时而异，施以药疗、理疗、针疗等法，其方灵妙，药到病除，备受百姓爱戴。因将百余种祖传秘方连同药品制法，一并镌刻于石碑之上，立在城内兴国寺内，任人择用。还将其中不少方剂制成丸、散、膏、丹，惠施于民。因而去任时，亏损数百金，绅士刘永义代为偿还，仍留50亩地作施药资。民国二年（1913）拆庙毁寺之风兴起，石碑遭毁，药方为人凿损。

参考文献：《无极县志》。

李凤阁

李凤阁（1821—1900），清朝医生。字子翔，号仙池，又号诗衣，自号然犀道人，正定府无极县东侯坊村人。岁贡生，家道富有，轻财好义。咸丰十年（1860）捐款资助正定贡院，被授五品顶戴。光绪十九年（1893），知县曹凤来主修《无极县续志》，一切调查、编写所需费用凤阁自力承担，民众以"造福桑梓"匾相赠。同治八年（1869）无极兴建圣泉书院时，赠金200吊作为开办费用。光绪二十九年将圣泉书院改建高等小学堂时，又以巨资相助。同时，率先倡导县民捐资献物，改造庙宇，修建学堂，全县一举办起小学堂60多所。

凤阁熟通中医学，对诊治精神病颇得要领，常年免费为百姓治疗。酷爱收藏古玩金石，书法藏董其昌原作，国画存郑板桥真品。能诗善画，文人墨客常与之往来。著有《备荒罪言》

《怡芦诗草》《棠阴唱和集》《题画诗草》《诗衣杂著》等诗文集，还有医学专著《驱蛊然犀录》刻印传世。

参考文献：《无极县志》。

于士豪

于士豪（1829—1890），清朝医生。字魁升，河北吴桥范屯乡无名树村人。出生于精通医术的农家，父亲早年病故。他刻苦自勉，读了几年私塾，便专攻医学，尤精眼科。行医几年后，渐有名气，求医者甚多。士豪处方用药胆大心细，多有创见，善于辨证施治，常立见功效。他为人正直豪爽，常有赤贫者前来就医，他免费施药，且供给食宿。其母得了肺病，咳嗽不已，施药无效，他入夜苦思冥想，忽见阶下扫帚，记起《本草纲目》中曾有"竹叶、竹梗，性清凉，可疗心肺之火"的记载，便取少量竹节，反复煎煮，取其汁献母，母服后病势顿减。后经反复试验，改用酒坛盛以竹节，用文火烘烤，得沥为药，取名"竹沥"，携至祁州行销各省。今药都安国县城有一所"于广济竹沥铺"，就是当年于士豪所创。

参考文献：《吴桥县志》。

张松龄

张松龄，清朝医家，约生活于嘉庆和道光年间。字九苍，河北遵化人。早年习儒，兼善吟咏。后弃学攻医，悬壶于京师，求治者门庭若市。曾任太医院吏目。著有《五行运气丹方》《知医便览图》一卷，以五运六气、五脏六腑，分配五方、五行、五色、五味、五音、七情、八卦、九宫，证其病脉表里如一，未见梓行。

参考文献：《遵化县志》《中医人名辞典》《中国分省医籍考》。

张松舫

张松舫，清朝医生，籍贯不详。光绪年间，在承德城区大生堂行医。一道台之长子患抽风病，太医摇头，民间群医均束手无法，经张松舫切脉下药，医治痊愈。道台奉赠书刻"神功保赤"匾额一块，声名大震。其子张润芝继父业，善治小儿科，医术亦高明，在伪满州国时期被汉医会聘为讲师。

参考文献：《承德科学技术志》。

王正兴

王正兴，清朝医生。字直斋，河北涿鹿人。岁贡生，选拔懋昭三子也。师事王庆生，学时艺，后习医，酌名家运以精心，制药真诚，廉于取值。道光二十九年（1849），州牧杨公因服其药病愈，旌以"橘香春暖"匾额，乡里乐之。卒年六十四。

参考文献：《涿鹿卫生志》。

杨启曙

杨启曙，清朝医生。河北涿鹿人。庠生，幼习长桑，精于脉理，有三折肱之誉，闾里赖以全生者多。

参考文献：《涿鹿县卫生志》。

孙文显

孙文显，清朝医生。河北涿鹿人。禀生，儒能通医，精于言理，医人有和缓之妙。年九十余卒，人称医宗焉。

参考文献：《涿鹿县卫生志》。

孙方泰

孙方泰，清朝医生。河北涿鹿人。岁贡生，幼失怙，从孙文显学医，精通岐黄之术，以济人为己任，有不能药饵者不药而愈，时人称其技之神。

参考文献：《涿鹿县卫生志》《保安州志》。

孙桂芳

孙桂芳，清朝医生。字汉香，河北涿鹿人。府学禀生，七世儒医也。外科尤擅长治疮，百无一失。凡治痼疾不遽施方剂，日诊脉三五次，参两再四，一药即愈。在宣化、张垣（现张家口市）时，人皆以国手称之。

参考文献：《涿鹿县卫生志》。

孙桂馨

孙桂馨，清朝医生。号一山，河北涿鹿人。增广生，汉香之弟，医学与其同而运用之妙各擅其长，伤寒杂症与仲景有神契。中年游历京都，有友人追至山左山右，触手回春，大为杏林生色。馨没后，其徒十数人，皆为儒医雅望。

参考文献：《涿鹿县卫生志》。

杨真瑞

杨真瑞，清朝医生。字辑五，河北涿鹿人。岁贡生，幼习举业，为城中知名士，后业医，心清而业精，其用剂能以少胜多。遇贫苦者必多方搏节，投药即愈。

参考文献：《涿鹿县卫生志》。

霍道行

霍道行，清朝医生。河北邱县人。医术精湛，诏入太医院，任御医。

参考文献：《邱县志》。

贺国泰

贺国泰，清朝医生。河北涿鹿人。恩贡生，三世儒医。治痘独得真传方剂，遵聂人吾参，以五运六气实有至理，功效百不失一。子文明曾生、次子文蔚付生并习医。

参考文献：《涿鹿县卫生志》。

郝全真

郝全真，清朝医生。字性安，河北涿鹿人。鸿胪寺序班，精医学，于针灸尤得真传。咸丰七年（1857），督学使者案临宣化，忽得风疾之证，治之一针即愈，其神效类如此。

参考文献：《涿鹿县卫生志》。

李枝森

李枝森，清朝医生。字茂林，旗民，河北涿鹿人。少学医，三折肱矣，性质实心精细，遇不可为者必温言告谕之，不忍以岐黄欺人。至症涉疑难必为之详述病源，百计调理，不计利，亦不求名。道光二十九年（1849）刑牧杨公得危症，医家束手，治之一药即愈，旌以"丹度悬壶"匾额。光绪六年（1880），州牧庆公，远路相验，感冒山风，病甚重，一药而愈，旌以"是乃仁术"匾额，合州目睹。凡求医者其神效如此。素名疾，晚年连举二子，长名王衡，精于外科，次名王璇，精于内科，医学出于家传，于是推为一州名医。前修志遗泄，因补续于后。非特为著其父子之精于医也，且以彰积德必，报之证尔。

参考文献：《涿鹿县卫生志》。

张 著

张著，清朝医生。字德昭，河北涿鹿人。从九幼师事贡生杨真瑞，习长桑，精脉理，全州人甚多。咸丰九年（1859），州牧李因疾服著药愈，旌以"术精和缓"匾额。同治八年（1869），州牧李亦为所疗愈，旌以"仁心仁术"匾额。著子五，咸世其业。父子善售其术，有孙六七人，以为医德之报。

参考文献：《涿鹿县卫生志》。

孙建灵

孙建灵，清朝医生。字昭甫，河北元氏赵同村人。自幼聪明上进，喜爱医学。长成后四处求师，学习医术，不理家业，遂逐渐贫穷。后离家到正定、太原等地行医度日，医术益精，尤善针灸。时赞皇县令之母瘫痪卧床，久治不愈，经孙建灵治疗，不到一个月患者即康复。有些淋尿病患者，建灵仅用手按摩，即可治愈。

孙医德高尚，不贪钱财，穷人求其治病，常不取分文。寿七十余岁而终，其子孙庆香传其衣钵。

参考文献：《元氏县志》。

阎维纯

阎维纯，清朝医生。河北元氏宋曹村人。事继母至孝，家贫业医以供，由是医道精通，并舍药施方以疗人疾。顺治年间，有贾姓巡按曾给"名高虎守"匾额，并荐为太医院官。

参考文献：《元氏县志》《石家庄地区卫生志》。

苏云汉

苏云汉，清朝医生。河北元氏赵村人。精内、外科，尤善断症。

参考文献：《元氏县志》。

张锦芳

张锦芳，清朝医生。河北元氏县城西街人。善医小儿斑疹，每当春秋两季，门庭若市，车马盈门。其子孟清、翊清皆幼承家教，医术高明。

参考文献：《元氏县志》。

冯如阜

冯如阜，清朝医家。清道光末年易县中高村（今河北易县）人。善治"大头瘟"，著有《疫疗一得》。

参考文献：《易县志》。

伊自同

伊自同，清朝医生。清嘉庆年间易县西高村（今河北易县）人。以正骨享誉乡里及县境内外。

参考文献：《易县志》。

耿荫堂

耿荫堂，清朝医家。易县北高村（今河北易县）人。善治"转筋"一症，著有《荫堂一得》。

参考文献：《易县志》。

李培丰

李培丰,清朝医家。易县西北奇（今河北易县）人。擅治瘟病,著有《惠泉医方选录》。

参考文献:《易县志》。

李毓榕

李毓榕,清朝医家。易县西北奇（今河北易县）人,著有《医方随笔》。

参考文献:《易县志》。

王金堂

王金堂,清朝医家。易县西于坻（今河北易县）人。善治伤寒病,著有《开阖枢》。

参考文献:《易县志》。

李恒煜

李恒煜,清朝医生。字洪阳,先世山西介休人。自始祖金山,迁居阳原西城（今河北阳原）,祖齐松,父浚,世为别驾,代有积德。洪阳自少肄业芸窗,翻阅旧籍,皆娓娓成诵。处戚畹邻里,诚悫［què］无伪,且抏［huī］谦自牧,绝不以盛气凌人,挹其长厚,咸积其善士。由率庠生入太学,精于岐黄,凡方药皆能神明其意,因是广施药饵,活人为多。说者谓，洪阳先世率以好善乐施为心兹，固踵其世代云。

参考文献：《阳原县卫生志》。

李恒煌

李恒煌，清朝医生。字嵩阳，河北阳原人。乡贤公浚之四子也。未冠补博士弟子员。性喜学书，尝临十三经古帖。又因善病，遂精岐黄之术。与兄恒煜齐名，并精于医。四方求药觅方者接踵而至，其残疾聋瞽者则咸收养之。魏司寇敏果先生曾颜其堂曰："奋扬先德。"盖深识其世德云。

参考文献：《阳原县卫生志》。

李揆书

李揆书，清朝医生。里籍不详，在邢台城区马市街设堂开诊。主治内科杂病。其子李子随、孙李殿卿、曾孙李金铭皆有医名。

参考文献：《邢台市卫生志》。

李 沃

李沃，清朝医生。河北阳原南辛庄人，清附生也。性和蔼，善针灸，于白喉症尤擅长，手到病除。

参考文献：《阳原县卫生志》。

苏鸿儒

苏鸿儒，清朝医生。字席珍，河北阳原人，清附生也。光绪三十一年创办老君营初级小学校，精医术，善针灸，有求必应，不论酬金，乡里感激，有口皆碑。

参考文献：《阳原县卫生志》。

刘　琛

刘琛，清朝医生。字献廷，河北阳原人，清附生也。从父习医，得秘传。咸丰元年，疫疠盛行，乃以防风、薄荷、枯矾配剂，名解疫汤。此方既传，活人无算。子光祖，字跃先，亦业医。常读《东垣论》，善治虚疾。每遇贫民，即施药，是以乡人称之。

参考文献：《阳原县卫生志》。

郝竞馥

郝竞馥（1855—1909），清朝医生。清光绪四年，在邢台城内崇礼街悬壶行医，开设"竞善堂"，主治中医外科疾病，医技精湛，颇为驰名。治疗方法内外结合，内服补气托脓中药，外敷八宝珍珠散，凶险顽症，皆见奇效。患者赠匾"接踵俞跗"，悬挂门楣，以示表彰。医技世代相传，为民医治疾病。

参考文献：《邢台市卫生志》。

丁　汰

　　丁汰（1627—1697），清朝医生。字沙溪，河北盐山曾庄村人。于清朝前期研制接骨丹药，治疗骨折。其药为中药粉剂，用醋调和，将折骨扶正，敷于患处，不动手术，月余即可痊愈，疗效甚佳。前来求医者，不论贫富，一律舍药，不收分文，患者无不感激称赞。

　　参考文献：《盐山县志》。

丁魁堂

　　丁魁堂（1781—1868），清朝医生。字梅菴［ān］，河北盐山曾庄村人。继承其祖家传医术，曾为庆亲王治好骨折，酬以重金，因祖训为舍药，辞而不受。帝室遂赏穿黄马褂，赐点睛龙头拐杖一根，敕封登仕郎。

　　参考文献：《盐山县志》。

丁怀珂

　　丁怀珂（1816—1884），清朝医生。字玉声，丁魁堂之子，河北盐山曾庄村人。接骨丹药的七世传人，家传医术在他手中得到发扬光大。清文宗咸丰五年（1855），捷地武官巴突鲁张园赠有"术同刮骨"大匾一块，其时丁氏治疗骨折的名声益隆，前来求医的，南起山东、河南，北至辽宁、吉林、黑龙江以及附近各地，每年不下千人。不但免费治疗，还在食宿方面给以照顾，因而人们对丁氏医德都赞不绝口。

参考文献:《盐山县志》。

李鹏然

李鹏然,清朝医生。字在甫,河北邯郸人。精内、外科,善针法,求者踵门,应接不暇。

参考文献:《邯郸市卫生志》。

王凤池

王凤池(1820—1900),清朝医生。河北盐山镇东门外人。天资聪明,喜爱医学,擅长外科及针灸。自制丸、散、膏、丹,并采用针灸疗法,无偿为乡民治病,人皆称其为"王善人"。王凤池在家设专馆,延名医,教子习医,并训诫其子要世代相传。

参考文献:《盐山县志》。

光振勋

光振勋,清朝医生。河北邢台城外马市街人,居家行医。约生活在清嘉庆年间。主治内科疾病。其子光旬(字人瑞)、其孙光其仁(字善长)皆有医名。

参考文献:《邢台市卫生志》。

光 旬

光旬(1815—1882),清朝医生。字人瑞,河北邢台城外马市街人。邑名医振勋子。主治内科杂病，兼治妇女病，尤对妇女不孕症有良方，服药数十剂便可有孕。

参考文献：《邢台市卫生志》。

吴钧衡

吴钧衡（1798—1860），清朝医生。字之平，河北吴桥县水波乡窑厂店人。出生于世传外科家庭，在父亲的教诲下，逐渐成了一名德技俱佳的医生。是时，"流注""流痰"等症被视为危症，经他诊治，多能转危为安，因此，前来求医者络绎不绝。

吴钧衡为人正直耿介，不媚权贵，不鄙贫穷，医德高尚。年近花甲，虽体弱多病，仍坚持行医，造福桑梓。当地群众赠送他家一方"济世活人"的金字匾额，悬挂门首。咸丰十年（1860）病故。

参考文献：《吴桥县志》。

崔凤翙

崔凤翙，清朝医家。字凌双，河北馆陶人，秀才。以教学为业，兼医术，精通痘疹科，救活小儿无数。著有《痘症摘要》《疹病要论》。

参考文献：《馆陶县志》。

孙维清

孙维清，清朝医生。河北清河孙家庄人。善以推拿治危症，治病不分远近亲疏，被别人称作"神手仁心"。

参考文献：《清河县志》。

韩　枢

韩枢，清朝医生，约生活在清乾隆年间。字慎机，号得中，河北内邱韩家庄人。庠生，自幼苦读四书五经，后立志学医，边学医边实践，对症下药，遂见成绩。对小儿肝炎、痘疹科尤精。

参考文献：《内邱县志》。

张名山

张名山，清朝医生。河北栾城圪塔头村人。精通医学，向穷苦百姓施舍药品。每值荒灾之年，他便捐献粮食，命儿子双宅、有宅分发赈济百姓。多年来被他救活之人不计其数。他还出资建桥以济行人，施茶以济渴者。雍正元年（1723），栾城县令梁苣为表彰他们父子的德行，赐其一匾悬于门上，上书"父子尚义"。

参考文献：《栾城县志校注》《石家庄市志》《栾城县志》。

周凤雍

周凤雍，清朝医生。字和声，河北广平北温村人。精外科，奇疽恶痈，应手辄愈。延请者络绎不绝，救人无数，从不收馈赠。爱好书法名画，行医之余借以自娱。年八十无疾而终。子在麟、孙月桂习医药，继其业。

参考文献：《邯郸市卫生志》《广平县志》。

王 楫

王楫，清朝医生。字济川，岁贡，河北巨鹿人。性格刚直，为人处世很有教养，从不与人斤斤计较，并经常检查自己的言行是否有对不起别人的地方，有错必纠。书法逼真右军，年八旬，五尺大字挥毫立就，有龙跳虎卧之观，名驰京师。对医药颇有研究，经其治好的患者无法计算。同时，资婚助葬，种种善行，不胜枚举。寿登 92 岁，授怀柔县教训，未就而终。

参考文献：《巨鹿县志》。

胡 鲤

胡鲤，清朝医生。字上池，河北永年人。尚书瓒从玄孙。幼敏悟，好医术，博读诸方书，读毕辄焚之，复诵皆上口。遇农人弓尚贤于途，讶其色病，为诊之曰："明日午当死。"果应其然。鲤有族侄妇暴死，诊之曰："当产，血迷，非死也，且生男。"使人撬其齿，灌药而活，果生男。有一妇产而死者，请鲤诊之，鲤速以缝衣针针之，母子俱活。鲤中表李老人病笃，鲤投药二剂而起。李氏有名芝田者，方陪鲤谈笑，鲤嘱为其治后事，七日当死，逾七日，芝田果死。李参政承蜩为诸生时，将赴京兆试，鲤偶诊之曰："至赵州病，逾试期乃愈。"竟如鲤言。饶阳路吏部名医病痢二年，他皆以痢治疗，鲤诊之肠痈也，不欲面愧诸医，而暗投肠痈之剂，遂愈，诸医感服。旗校张琦妻病，鲤曰："胎为药误，死腹中，左背烂矣。"投之药，果下男胎，而左背烂，妇无恙。鲤所治，皆应手活，其不可为者，终不发药。从学医者，至百有六人，莫能得其术。晚以子福宏贵，封兵部主事，次子烈宏岁贡，禧宏顺治甲午举人，孙芝发，顺治丙戌进士，户部主事。

参考文献：《永年县志》。

王安世

王安世（1809—1870），清朝医生。河北冀县北照磨村人。自幼好学，且有大志。道光七年（1827）庠生，后家境日窘，无力再求上进。于道光九年（1829），在家设私塾，以"医忠治体"为宗旨，开发学生智力，调谐人的经脉，驱除疾病，强壮体魄。因其办学有方，受业弟子考中秀才、举人者众，其家塾名气也随之大扬。执教35年，因双目失明而失业。晚年以"行医从教，世代流传，断则不孝"告诫子孙。三子魁聚则行医终身。

参考文献：《冀县志》。

李春岳

李春岳，清朝医生。字纯峰，河北邯郸苏曹镇人。五品衔太医院吏目。性岸，异衣饰，每与人殊。于医术针灸颇有心得，有延请者杯水未尝扰人。老而鳏居一室，历三十余年，虽严冬不置炉火。年九十无疾而终。

参考文献：《邯郸市卫生志》《丛台区志》。

朱廷说

朱廷说，清朝医生。字润乾，河北邯郸人。教谕补衮之子。素敦孝友，性狷介，不喜逢迎，萧然株守。由贡生任献县训导，以老致仕。善岐黄，远近求医者殆无虚日。

参考文献：《邯郸市卫生志》《邯郸县志》。

宿成允

宿成允，清朝医生。字丕绩，河北邯郸人。幼读诗书，长习医术，尤精于痘疹一门，有求必应，着手春回。卒年八十六。

参考文献：《邯郸市卫生志》《邯郸县志》。

杨斐然

杨斐然，清朝医生。字成章，河北邯郸人。幼聪明，喜读书，性慷慨好施，潜心岐黄之术，而外科一门尤有特长。

参考文献：《邯郸市卫生志》《邯郸县志》。

康 圻

康圻，清朝医生。河北邯郸人，为名医焕然之长子。以濡染家学，善治瘟疹、外科。平日常博储良药，凡治疗贫人，与之药而弗取其值，甚至有疾之人每居其家内，为之调理，俟其愈而后遣之，其好善如此。

参考文献：《邯郸市卫生志》《邯郸县志》。

尚经邦

尚经邦，清朝医生。字济世，河北邯郸人。太学生，家小康，少习医递，治疗疾病，恒有奇验，尝施舍药饵，不取分文。

参考文献：《邯郸市卫生志》。

王敬修

王敬修，清朝医生。字时敏，河北邯郸人。身体魁梧，人以高先生称之。幼酷爱读书，以母老家贫，乃改习岐黄术，专攻外科，尤精针法，得有名人传授。求诊者无论贫富，不计谢仪，对于极贫者供给药费且饮食之。值捻军之兴，携眷避乱于武安之车辋〔wǎng〕口，仍设肆行医，以资糊口。久之，问病者日多，为彼处医士所疾视，时有不逊之言，遂闭歇。旋以母病回邯，在外约五六年之久。生平敬惜字纸，至老不懈。享年五十九。配王氏，后公十年卒。生子二，长琴堂，次跻堂。琴堂光绪甲辰进士。

参考文献：《邯郸市卫生志》《邯郸县志》。

傅清泰

傅清泰，清朝医生。字秉枢，河北邯郸人。太学生，性纯厚，博览医书，精针灸，遐迩驰名，活人无算。家中尝另设一室，专待病者，凡男女来治者，医士对之不但勤施手术，毫无倦容，且常留待恭饭，于针愈后从未望报。长子毓惠，庠生，三子航恕，皆能本其家学，施针灸。卒年七十有五，乡人绰楔其门曰"继洲真传"。

参考文献：《邯郸市卫生志》《邯郸县志》。

张思温 张思义

张思温、张思义，系两兄弟，清朝医生，河北邯郸人。温习武，义习文，均庠生，并学医，温善外科，义长内科，人被其治疗而全活者甚众。弟兄并享高年，其孙致祥颇能克绍祖业云。

参考文献：《邯郸市卫生志》《邯郸县志》。

裴世均

裴世均，清朝医生。字国政，河北邯郸人。善外科，子印川，侄振川、大川，继承衣钵，均为名手。大川又得高人指点，善正骨法，救人甚多。世均之孙正邦于外科之余并能正骨及内科焉。

参考文献：《邯郸市卫生志》《邯郸县志》。

贺成功

贺成功，清朝医生。字立斋，河北邯郸人。善岐黄，尤精女科，凡妇女之病服其方剂者，无不着手回春。

参考文献：《邯郸市卫生志》《邯郸县志》。

姚武信

姚武信，清朝医生。字献臣，原籍江西，随父文宣来邯，设万春堂药肆，业医度日。其子定清、定吉皆能绍继武信之业，孙公辅亦克承祖父之志，深刻研究，三世为医，功德靡涯矣。

参考文献：《邯郸市卫生志》。

张清廉

张清廉，清朝医生。原名张宽，字得众，高邑（今河北高邑）西张村人。少家贫，下肢残。自医学有得，行医于乡间，钻研医术不辍，终成名医。求医者门庭若市，川流不息，药到病除，众人赞赏不已。张清廉处方有独到之处，善用毒剂，治愈许多难治之症。晚年在临城双开村开一药铺，常舍药于乡间贫者。张清廉一生未娶，无子，八十五岁卒，乡民闻之，哀悼不已。

参考文献：《高邑县志》。

吕文炳

吕文炳，清朝医生。高邑（今河北高邑）河北村人。幼立大志，但屡试不中。后攻读医学，致力于医治妇科病，终成一名良医。不管年长或年少妇女，或新症旧症，经他诊断，就能药到病除。临终遗嘱，让其儿女学医，攻读妇科。遵其嘱，吕家妇科声名日显。

参考文献：《高邑县志》。

王鉴先

王鉴先，清朝医生，约生活在清乾隆年间。祖籍山东临清，世代业医，随宫来邢，以中医外科为主，治疗疔毒、痈疽驰名。病家赠匾"杏林端师""仁术普济"等以颂其德。医技世代相传。

参考文献：《邢台市卫生志》。

胡继初

胡继初，清朝医生。字续绩，河北邯郸丛台区北苏曹村人。恩贡生，幼年即很聪明，在学校是出名的优等生。从小体弱，因赴省府科考路途遥远，仅去一次，未中，即弃仕学医。他钻研医术，特别是医治伤寒、痘疹等症尤具专长，有人请他看病，手到病除。

参考文献：《邯郸市卫生志》《丛台区志》。

牛来垣

牛来垣，清朝医生。字子卿，河北怀安柴沟堡人。县学廪膳生，光绪十三年丁亥科贡生，候补训导。牛氏自幼失怙，奉母以孝闻。平生好义不阿，训育子弟极严。侄子牛光照，清太医。

参考文献：《怀安人物志》。

蔚老太太

蔚老太太，清朝医生。河北邯郸丛台东门里人。生子未及二岁，夫文德去世。家道贫寒，上侍公婆，下育孤子，在艰辛中使公婆都活到高寿而终。她有一手好针法，小儿马牙、四六风一针即愈，无论寒暑、深夜，有人来请看病，从无推辞，村人曾送匾以彰其德。寿八十余而卒。

参考文献：《丛台区志》。

黄金诏

黄金诏，清朝医生。字纶甫，河北成安北郎堡人。天资聪明，喜好读书，善写文章，他的书法尤其精湛，很多人临摹效仿。同治元年（1861）为拔贡。金诏晚年学医，尤其精于咽喉病的治疗，来家求医的络绎不绝。常舍药给患者，不计其数。乡邻们为表对他的感激，特送"惠孚桑梓"门匾一块。

参考文献：《成安县志》。

张 晟

张晟［zhěng］，清朝医生。字景和，河北沧县人。父进朝庆坨都司。州岁贡生，博学多艺，尤精于医。山东白某驰车敦请，比至绝粒已五六日，晟诊其脉曰：无伤也。一药而病若失。白谢之，不受。潜至沧，为置田数百亩，交书契而后去。知州赵某，久病延医得瘥，谢以金五百，不受。自是从不至州署。遇贫病者施以药或赒［zhōu］以粟，唯以活人为乐。年登九十，无疾卒。

参考文献：《沧州市卫生志》。

王荫宗

王荫宗，清朝医生。字琴轩，河北沧县人。庠生，生而颖悟，勤学好问，少即知名，尤精于诗。业师刘云章，为郡名儒，独器许之已。而屡试不第，遂专心《素问》《内经》诸书，闭户三年。曰：可以出，而救世。于是论脉制方，罔不奇效，延请者无问寒暑。且自蓄药品，遇有贫者即以全剂赠之，活人无数。著有《山房诗草》。

参考文献：《沧州市卫生志》。

季崇寿

季崇寿，清朝医生。字鹤亭，河北沧县人。少孤贫，性朴诚实。慈亲以孝闻，力学能诗，善画，尤工铁笔。游泮后，以家计艰难，无以为养，义以官爵日滥，任风日趋卑下，遂无志进取。家居授徒，以备脯博菽水，课余医兼习学，寝馈数十年，术遂精。求医者踵至，遇有急症必亟往。邻村徐某，卧病年余，势将不起，服药数剂病若失，徐感再生德，愿服役终生，辞之不去。年四十三岁，赋悼亡诗有句云：囊琴不鼓求凰曲，作画吟诗自解愁。有王摩诘风。

参考文献：《沧州市卫生志》。

于凤藻

于凤藻，清朝医生。字书元，河北沧县人。监生。中年目忽盲，经天津名医诊治目复明，由是弃儒业，学眼科三年，学成自立眼科医院，并有本县推及盐山、青县、南皮、庆云、交河、献县、静海等县设分院。施医三十余年，治愈者不下二千三百余人，不取药资，遇贫苦并供给食用。人感其德，所送匾额，曰"一方共赖"，曰"妙手回春"，间党亦公送"义重乡邻"匾额。年六十二而卒。

参考文献：《沧州市卫生志》。

戴万嵒

戴万嵒〔yán〕，清朝医生。号松乔，河北沧县人。武举，性情洒落，气宇轩昂。精医术，每以少药见功。常曰：用药如用兵，贵精不贵多。书法米南宫，笔力遒劲，所书"热河福山寺"匾额，柏相俊见而赞之曰：精神福泽，非寻常书家所能比拟。博览群书，手不释卷，虽属武人，有儒雅风候。铨卫千总，保举守备，晋赠武略骑尉。同治十一年卒。

参考文献：《沧州市卫生志》。

于连瀛

于连瀛，清朝医生。字仙山，河北沧县人。天性和蔼，与人未曾有忤，以是尊敬之。精医学，有求诊病者，不顾寒暑、远近，常步行以往，医毕即返，从不受人款待。常言，病者呻吟床褥，亲属莫不戚忧，若复旁苦于酬应周旋之间，是益增其烦忧，心定不忍。其存心之仁恕如此。卒年七十有九。

参考文献：《沧州市卫生志》。

僧恒修

僧恒修，清朝僧人。字如心，俗家本城冯氏，河北沧县人。住持城西北隅大佛寺。谨守清规，精通疡医，施医施药十余年，无择贫富。其不轻用降药，尤为善法，故所治应时立效。圆寂之日，闻者多泣下，妇孺临吊者百余人，皆曾受惠者。

参考文献：《沧州市卫生志》。

张玉琳

张玉琳，清朝医生。字子崑［kūn］，河北沧县人。廪贡生候选，训导。学最博洽，同人每问以疑义，必立为剖析。研求算术于开方、勾股、八线诸法，洞其本源。医学尤精《素问》《金匮要略》，而外独宗仲景，近代叶、黄、朱氏之书，兼参其奥，遇疑难大症，有起死回生之力。与弟玉珊俱有声于时。

参考文献：《沧州市卫生志》。

董茂林

董茂林（1852—1920），字峻山，沧县城南袁家庄人。累世以疡科相传，至茂林之父文馨，术乃益神，而不肯轻易为人医治。茂林幼承家业，得父秘传，刻苦钻研，医术日精。长大后随父行医，凡"症之极险者，经其手无不立愈，津南六邑，受其惠者实多"（《沧县志》）。他目睹患者痛苦，心甚怜悯，精心治疗，见患者愈，极为快乐。常对人言："此医道，仁术也！"

三十岁左右，以其医术精，闻名津南。向董求医者络绎不绝，有时车马盈门，立等门外者甚多。可他总是先给穷苦人治疗，且不收药费，并说："贫寒人家求医治病最难，不是险症人多不求医，我定竭尽全力，予以医治。"如遇患重病又无依靠的老人，安置住处，调养治疗，直至痊愈。

董茂林出诊，不顾严寒酷暑，不分路途远近，随请随到，有求必应。有时一昼夜赶奔许多地方，为病人治病送药。几十年如一日，奔波劳碌，积劳成疾。1920年病逝，终年68岁。众议立石，嘱邑人吕梦庚撰以志感谢。

参考文献：《孟村回族自治县志》《沧州市卫生志》。

王壁东

王壁东，清朝医生。字紫垣，河北沧县陈敬家庄人。道光时廪膳生。精岐黄，遇病家延请无不立往，药下无不奏效。行其术四十余年，津南各邑老幼皆知。子国干能继父志，以术神，得入大医院。孙焕章，所学尤精。曾孙恩诏得家传，亦称一时名医。

参考文献：《沧州市卫生志》。

王清堂

王清堂，清朝医生，生卒年不详。字如冰，郡秀才。精医术。侍奉双亲，以孝闻名乡里，好做善事，乐于助人，对鳏寡孤独尤为照顾。道光十八年（1838），闹饥荒，又逢瘟疫流行，王清堂竭尽全力，施医施药救活很多人。有一个乞丐有疾，亲手为其调治，不嫌污秽。

参考文献：《馆陶县志》。

江正儒

江正儒，清朝医生。河北涉县人。邑诸生，明轩岐术，常施药济人，不取其值。

参考文献：《涉县卫生志》。

韩文耀

韩文耀，清朝御医，生卒未详，生活在清末。河北蔚县人，为韩氏第三代中医，清太医院正六品御医。子韩均亦为名医。

参考文献：《蔚县卫生志》。

韩　均

韩均（1873—1946），字善治，人称韩善师。河北蔚县人。生于中医世家——清太医院正六品御医韩文耀之家，文耀是韩氏第三代中医，善治是第四代。

善治自幼聪慧敏思，治学刻苦，少年时代就写得一手清秀洒脱的毛笔字，又擅绘山水花卉。然而，这些仅仅是他的业余爱好，办好祖业"元春堂"药铺、行医济世才是他的博大理想。为此，他接过先辈流传下来的医药书，如《御纂医宗金鉴》，百读不厌。《傅青主女科》数十万字，他随读随批，一一推敲，一一订正，毫无倦意。

光绪十四年（1888），年仅 15 岁的善治就继承祖业元春堂。他在元春堂明确提出"信巫者不医"，并且，随处宣传"人死气化清风、肉化泥"的见解。

他不信鬼，不信邪。有的妇女因生了怪胎，经不住世人的冷眼而生病，善治解释说："孤阴不生，孤阳不长，阴阳偏甚，其胎变常，名曰鬼胎，甚属荒唐。"善治劝人们的同时，还常常同巫邪进行斗争。

相传，在民国初年一个六月庙会上，善治在蔚州城富户冯家碰见一个唱大仙的女巫，他毫无顾忌质问女巫："你这仙家，如果能道出明天火神庙唱什么戏，我就信你。不然，还是回家去吧。"女巫哑口无言，悻悻然败兴而去。

他十分赞同妇女的解放，曾从生理和医学角度指出："缠足是妇女致病之一大原因，惜乎千百女科未及道出一字。我欲将此理发明，以救后世女子。"他积极支持三女儿秀峰放足，参加"查足会"，致力于蔚县妇女的解放运动。

民国初年，善治以他的出众医术、经营才干和威望当选为蔚县医药工会主席。张家口名门后裔毛建的小儿患腹鼓怪症，肚胀如球，久治不愈，小儿几近休克。绝望之际，把善治请去。善治细细诊断之后，凭多年临床经验和卓异胆识，亲手配制一剂汤药，亲手给小儿设法灌下。服药不久，小儿上吐下泻，便出一大盆蛔虫，竟然活了过来。小儿起死因生，毛氏喜出望外，一定要给善治礼乐送匾。在鼓匠吹吹打打、人山人海的沸腾中，善治声震张垣（张家口）。

善治晚年，在进一步研究病理、药学之同时，并喜爱

"灵芝术"（气功）。晚上看书、写作之后，他均要打坐一个时辰，体验气功调理人体的效果。在这方面，善治也有所著述，只是"文革"时期，家人在慌恐之中付之一炬。此外，他还著有《脉星求真》《诊脉巧术》《爱子七元论》《子午灯》等。这些著作，有的已经付梓，现在或许尚有人保存。

蔚县第一次解放前夕，善治曾协助抗日政府十二区区长韩如学，从县竣工商界选集大皮袄 42 件，经游击队员赵绪运进南山。蔚县第一次解放后，善治给小学教师梁丕显治毒疮，他人皆以梅毒疗治，唯善治力排众议，调治几个疗程后，毒疮根治。秋末的一天，应暖泉阎氏之请，韩氏置耄耋于不顾，日乘马车往返四十余里，为一伤寒患者调治。劳累中推辞不过，破例在患者家吃了顿午饭，不幸染上伤寒，回家后，卧床高烧，昏迷不醒，几天后，安然而逝。享年七十三岁。

参考文献：《蔚县卫生志》《蔚县文史资料选辑》《张家口人物志》。

李 潜

李潜，清朝医生。字龙吉，河北栾城赵庄人。崇祯间，诸生知时不可为，绝意仕进。晚业医，多济人，人称"百柳园居士"。

参考文献：《栾城县志校注》。

任正傅

任正傅，清朝医官，生卒未详。字介庵，医学世家，精医术，任乐亭医学训科职。

参考文献:《唐山卫生志》。

张齐珠

张齐珠,清朝官吏、医生。生于明末,卒于清康熙年间。原籍大辛庄镇南齐(今属河北定州)。

清朝康熙年间(1677),他是一位绿营兵的将领。他领兵有方,军纪严明,身先士卒,关心下属,很受拥戴。他父亲是一位乡间名医,因此他对医药也颇为精通。一次作战中,侥幸取胜,但伤者众多。在缺医少药的困境下,他从山中寻来仙鹤草、血见愁等草药,经研制加工成药剂,涂在将士伤口,竟奇迹般地使将士们的伤口全部治愈。在又一次作战突围中,他的左臂中箭负伤,鲜血直流,他拣起脚下一块干牛粪,两手搓烂,便堵在了伤口上,顷刻,血不流了,伤不痛了。一块干牛粪却成了他止血止痛的灵丹妙药,对此,将士们极为惊讶、敬服,张齐珠也对牛粪的奇效感到意外的惊喜,他更从心里感激那头牛。战事大捷,张齐珠回朝交令,他的战绩,轰动朝野,康熙帝大悦,在张齐珠家乡南齐赏地三百亩。

张齐珠告老还乡,乡亲们知道他懂医,常求他医治疾害。定州城北地面广阔,尽是流沙,风吹沙起,遮天蔽日,成为一害,致使人们眼病成患,找他来医治眼病的人络绎不绝。张齐珠看在眼里,痛在心里。为解除乡亲们的痛苦,他开始精心研制除治眼病的良药。起初用冰片、麝香、硼砂、炉甘石等药配制,经过试治,效果尚好。又经进一步摸索改进,增加了牛黄、珍珠、熊胆、琥珀等药,结果疗效倍增,简直到了药到病除的程度,很受人们欢迎。叫什么名字呢?他考虑因为此药由八种名贵药材构成,遂名"八宝眼药"。此药对红眼病、白内障等眼疾疗效很好，被群众誉为"一扫光"。

"八宝眼药"面世后，一传十，十传百，很快传遍全州，逐渐又传遍全省、全国。为了满足人们除治眼病的需要，他开始开设眼药铺。开铺就得要有个名号，定啥名号呢？张齐珠想来想去，想到了治好他伤口使他荣获战功的牛粪，又联想到了那头牛，于是他定名为"定州金牛八宝眼药"。并用铜铸成牛的形象，全身镀金，成了名副其实的金牛。从此张齐珠"定州金牛八宝眼药"的招牌就张扬了出去，很快名扬天下。

有一次乾隆皇帝私访，来到定州，驻入行宫，专求"定州金牛八宝眼药"治他的眼病。当时，张齐珠的儿子继承了父业，献给乾隆帝两瓶眼药。乾隆帝点上眼药只隔一夜，眼病全好。乾隆帝高兴地说："金牛眼药好！金牛眼药好！"提笔为眼药铺题写了"金牛张铺"的御匾。1926 年定州金牛八宝眼药参加了国际巴拿马博览会，荣获金奖，从此名扬中外，打入国际市场，畅销东南亚、欧洲等四十多个国家，产品供不应求，真正形成了名副其实的"金牛眼药一扫光"。

清末，定州以张齐珠配方为基础发展起来的其他眼药店铺，如雨后春笋。如白敬宇、马应龙、马元龙等，他们都是独家经营，发展很快。白敬宇制药厂设在定县城内西大街，厂长是白敬宇的后辈白瑞启，店铺在城内十字街，门市左侧尚摆有"金羊"商标。右邻是张齐珠眼药店，柜台上摆有"金牛"商标。同时，白敬宇在北京、石家庄、郑州、开封、汉口、长沙、重庆、南京、西安、兰州等城市，马应龙在北京、武汉、郑州等城市发展起来。在定州设立的眼药店铺越来越多，如茂德堂、恒济堂、郭敬宇、德生堂、德成堂等都设有铺、店、堂，药效都很显著，因此定州成为中外闻名的"眼药之乡"。

新中国成立后，在党的关怀、扶植下，各眼药铺于 1956

年公私合营，德生堂、郭敬宇、德成堂、恒济堂四家联合，成立了"定县公私合营眼药厂"，张齐珠眼药铺、茂德堂、王成堂、王国安四家联合，成立了"定县眼药生产合作社"。1958年，上述两厂合并，成立了"定县制药厂"，后又改名"定县中药厂"至今。

参考文献：《定州人物志》。

邵元三

邵元三，清朝医生。字抡才，河北定州城东齐堡人。幼时即极聪颖，读书领悟甚快，侍奉父母极孝。父清澜患痼疾，元三昼夜服侍，奉汤侍药。后来，他弃儒从医，精通病理，医术湛深，从此以医道出名，经他救治起死回生的人数颇多。元三家道小康，终身施医，从不受人钱财，对于贫闲人家，还解囊相助。故其去世之后，一方之人如丧慈母，都痛哭失声。元三处方，用药不过几种，与当时一般医生完全不同。在看病的时候，一经诊脉，就能断定病因，预知病情发展而且丝毫不差。光绪三十年（1904）元月逝世，年六十九岁。其子凤翰，其孙润霖，都继承其业，施医至今。农商总长谷钟秀撰有碑文，刻石立于墓前。

参考文献：《定州人物志》。

刘知慎

刘知慎，清朝医生。字敬修，河北定州高就村人。性情慈善，好施舍。同治六年（1867），发贼蹂躏京郊，所到之处变为废墟。知慎出粮赈济饥民，唐河以北受惠的人很多。他尤善中医，咸丰三年（1853），时疫流行，他舍药给人治病，四乡老幼大都活了下来。同治七年（1868），州牧王榕吉举为乡饮宾，并奖给"中山人瑞"匾额一方。

参考文献：《定州人物志》。

梁氏　王氏

梁氏、王氏，清朝医生，河北定州大西涨村人。世代精于眼科，用金针拨眼，遇有白内障者着手即愈。当时西医的割治手术尚未传到我国，这种医术在当时堪称绝技。

参考文献：《定州人物志》。

王若芝

王若芝，清朝医生。字九茎，河北滦县人。庠生，以《素问》《灵枢》为根柢，精通医学，临证审脉，预知人之生死，百不失一。

参考文献：《滦县卫生志》。

白敬宇

白敬宇，清朝医生。回族，河北定州南城区回民街人。"金羊眼药"创始人，后改为白敬宇眼药。其祖先是西域信奉伊斯兰教的穆斯林，利用从阿拉伯那里学来的制药技术，以行医卖药为生，后来白氏迁居定州城内回民街。白敬宇继承了祖业，成为当地名医。后来获取到"金牛眼药"秘密配方，生产出"白敬宇眼药"。白敬宇制药厂设在定州城内西大街，在定州城内十字街路东另立"金羊"牌商标，制售眼药。他精心研究药方，最先创制的眼药是"瓜子"形药片，俗称"瓜子眼药"，后改为粉剂，不久又制成眼药膏，疗效均佳。以眼药为主，同时还收集选购各种验方、秘方，研制了多种丸、丹、散、膏，供各族同胞选用。他的后人白瑞启（白锡昌）为防假冒，取"白"姓洁净之意和"敬宇"的谐音，特制绘白色"鲸鱼"的标牌为商标，取名"白敬宇眼药"。

参考文献：《定州人物志》。

马应龙

马应龙，清朝医生，约生活在清道光年间。回族，河北定州城内回民街人。是"定州眼药"第九代传人，"马应龙眼药"创始人。

明末时期"定州眼药"闻名遐迩。此时，马金堂后裔马应龙接过了承前启后的重担，他在其父马金堂创制的"定州眼药"基础上，查阅大量医学典籍，潜心研究，反复试验，总结临床经验，采用名贵的牛黄、麝香、冰片、琥珀、珍珠等药材配方，以传统的工艺技术，保持了药材的特有效果，进一步提高了"定州眼药"的疗效。以制作、经营眼药为业，设眼药店于定州北街，更名为"马应龙定州眼药"，并在清风店设立了分店，使"定州眼药"得到了进一步发展。

参考文献：《定州人物志》。

马万兴

马万兴，清朝医生，约生活在清道光年间。回族，河北定州城内回民街人，马应龙的儿子。

清道光年间，马万兴继承祖业，他更是雄心勃勃，计划甚伟。他把"马应龙定州眼药"送到遥远的城镇和偏僻的乡村，还在北京前门外西河沿真武庙旁租宅一处，经过修饬，开办了药店，把"马应龙定州眼药"送到了北京人面前。在北京，开始没有得到礼遇，数月时间几乎无人问津。但马万兴没有因此而退却，经过漫长时间的不懈周折，药在患者身上产生了奇迹，随之名声也就不胫而走。不久"马应龙定州眼药"赢得了北京地区患者的信赖，当时北京人流传着"身穿瑞蚨祥（布店），脚踏内联升（鞋店），头顶马聚源（帽店），眼看马应龙（眼药店）"的顺口溜，可见当时马应龙定州眼药店已成为北京人赞不绝口的药店了。几年后，因生意兴隆，财源旺盛，马家在北京购置宅地房产三十多处，以西河沿为永久经营眼药的中心地，并开设子店。"马应龙眼药"以质优取胜。民国四年（1915），在北京农商部国货展览会上获奖。

1919年，南方眼药市场大开，北京的经营已不敷需求，马万兴将已培育成才的长孙马岐山送往武汉，离京时对他说：你是长孙，不能老在别人嘴巴底下接饭吃。业精于勤，荒于嬉，做事要勤勉，要以勤治店，要以真夺人。

参考文献：《定州人物志》。

董照朗

董照朗，清朝医生。字蕙田，河北香河人。为诸生，言动不苟，家人敬之如神明。好读书，不屑为举子业。究心医理，每有疑难症，应手立愈。年八十，无疾而终。

参考文献：《畿辅通志》。

杨一峰

杨一峰，清朝医生。字蓬莱，河北清河人。咸丰元年举人，官南乐县教谕。性和易，能得士心，以医药活人无算。卒之日，远近赴葬者逾千人。

参考文献：《畿辅通志》。

孙悦之

孙悦之，清朝医生。任丘人。工医，善针灸，自云梦神授之。同邑翰林庞塏患痕，悦之针之，下血数斗，病立已。

参考文献：《畿辅通志》。

张梦鱼

张梦鱼，清朝医生，生卒未详，河北清河人，邑庠生。专治喉症，效果甚佳。

参考文献：《清河县志》。

陈念祖

陈念祖（1766—1823），清朝医家。字修园，一字良有，号慎修，福建长乐溪湄村人。祖父陈居廊，博学通医。父陈廷启，号二如，早逝。幼家贫，刻苦习儒，兼习古代医典，尤推重仲景之书。早年肄业于福州鳌峰书院，乾隆五十一年（1786）补诸生。此后曾随泉州名医蔡茗庄（宗玉）学。乾隆五十七年（1792）中举人，宴寓京师，时刑部郎中伊朝栋中风，不省人事，手足偏废，汤米不入口者十余日，群医皆云不治。修园治之，大剂而起，声名大震，求治者日盈其门。又次年，授河北威县知县，赴任后于公务之暇，仍为人治病。

恒山、保阳、高阳灾后温疟流行，误死于庸医者甚多，念祖乃精选方剂一百零八首，编为《时方歌括》，广布于世。陈为官廉明，县志记有政声。嘉庆二十四年（1819）六十三岁，以老病乞归，讲医学于长乐嵩山井上草堂，徒甚众。凡来请业者，必先授以自著《伤寒论浅注》《金匮要略浅注》二书。念祖平生素多著述，大多语言浅近，便于初学，故流传颇广。修园长期在河北为官行医，相关医案见于书中。如《金匮要略浅注》"妇人阴挺论"载："予在籍时，医道颇许可于人，治疗三十七载，阅历不为不多，而阴挺证，从未一见……方知直隶妇女，十中患此病者，约有三四。"结合所见所闻，陈修园认为阴挺一证，"北人常患"的原因，是由于北人"日坐湿地，夜卧土炕"的习气，导致"寒湿渐积"，引发此病。

除上述三书外，另有《长沙方歌括》《金匮方歌括》《伤寒医诀串解》《神农本草经读》《医学三字经》《医学实在易》《医学从众录》《女科要旨》《时方妙用》《新方八阵砭》《难经浅说》《伤寒医方集注》《十药神书注解》《重订柯注伤寒论读》《重订活人百问》《新订喻嘉言医案》《医医偶录》《伤寒真方歌括》《灵素节要纂注》等，后世以十六种合刊编为《南雅堂医书全集》（一作《陈修园医书十六种》，或题为《公余十六种》）刊行。另有《陈修园医书》二十一种、六十种、七十种、七十二种等刊本，系其他医家编辑，由书肆合刊之丛书。子陈元豹、陈元犀，孙陈心典、陈心兰，均世承家学。

参考文献：《中医人名辞典》《陈修园传》《清史稿·陈念祖传》《中医图书联合目录》。

谷有用

谷有用，清代晋县韩庄人，国子生。长习捏筋骨术，习久艺精，有伤筋骨者，请有用捏之，随手立愈。且性廉，有馈金钱者，俱辞不受。如遇贫家，更不厌疏食，以故遐迩跂德，赠匾额者罗列门闾。

参考文献：《石家庄地区卫生志》。

唐　氏

唐氏，清代晋县北位家口褚老怀之母。精针灸，善按摩，济世利物，不图私利，举凡远近有患者，一请即去，虽星夜不惮也。以是村人爱敬之，酬资立石颂其功德，以期传芳永久云。

参考文献：《石家庄地区卫生志》。

牛克述

牛克述，清代新乐县人。精痘疹，全活者众，不计财力，举乡耆当道赐匾褒嘉。

参考文献：《石家庄地区卫生志》。

鸦片战争到中华人民共和国成立前

刘毓芝

刘毓芝（1837—1917），字鹤亭，大城县魏吉村人。幼读经书，举秀才，长而淡泊于功名，遂承医学，精研医术，深得《内经》奥义。对各家著述，兼收并蓄，博采众长，多有创见，尤精于脉诊，临床既久，学验俱丰，故求医者，接踵盈门。

河间县令母病，请医治之不愈，慕刘之名，令差役来请。刘不悦，"我无犯王法，何至差役传之。"役归，县令无奈，乘轿空骑亲自来请。临行时问刘道："骑马还是坐轿？"毓芝说："轿较佳。"县令暗道："好大的刘毓芝，若母病不愈，当问罪。"但刘为疏方，数剂而愈。至于贫苦农民，则随叫随到，遇有轿与牛车同至，则坐牛车，牛车与步行者同往，则从步行。

毓芝年届八旬，积劳成疾，仍抱病应诊，"拯黎元，济羸弱"，废寝忘食。在文安县境诊治一危症，终因道远劳瘁，病体不支，逝于病人床头。刘毓芝其医其德，在群众中广为流传，有匾额"三世儒医""着手成春""道继轩岐"可证。著作有《脉法》和《伤寒》两种，惜已散佚。其次子宝纶，侄义明、义符俱业医，人称"魏吉三刘"。又与任丘县锁井村刘义田兄弟并称河间三刘。

参考文献：《大城县志》。

阎海岚

阎海岚（1840—1917），清朝医生。字云峰，新城（今河北高碑店）东加禄人。邑庠生。入泮后，弃儒习医，精其术。性朴厚，施药数十年，百里内外，无不知者。光绪辛卯、壬辰间（1891—1892），连岁大水，乡里大饥，海岚竭力赈救，全活甚众。民国六年卒，年七十八。其家藏有《妇人百问》（似为海岚所著）一书，未见流传。

参考文献：《新城县志》《河北医籍考》《中医人物词典》《中医人名辞典》。

史汝珊

史汝珊（1844—1918），男，汉族，沧县后史楼村人。幼读于私塾，慧敏聪颖，后专攻岐黄之术，对中医内外科皆通，活人济世，名扬乡里，造福一方。著有《脉法真言》《眼科良方》《药性赋》《汤头歌》传世。

参考文献：《沧州市卫生志》。

马祥云

马祥云（1839—1920），字龙图，清末乡间医生，高阳北归还村人。祖上于明永乐二年（1404）由山西迁居都漕口村，后定居北归还。马祥云生于清道光十九年（1839）。同治七年（1868），父有疾，祥云日侍于侧，遂研习医术，成效日著。是后，求诊者络绎不绝。就医者或家贫，或病剧，难以往返，

即留养于家，饮食药饵均给之，至病愈才去，不取分文。一生
宽厚待人，施不图报，以医术闻名四乡。尤以外科手术最为精
湛，特别对医治头背疽症，堪称一绝。时，患此症能存活者仅
十之二三。但马祥云在世八十余年，救活许多邻里百姓，深受
爱戴。民国九年（1920）病卒，闻讯后，东至任丘、肃宁，
南至蠡县，方圆百里的人，无不哀痛，赶来为其送葬者达数千
人。全县百姓为纪念其一生"履正致和，勤施无私"，为他更
名马庄惠。其长孙鸿烈，毕业于北洋陆军炮兵学堂，历任北洋
军第三镇管带、第十师师长、江省警备司令。仲孙英烈，开明
绅士，曾任本县抗日民主政府县长。

参考文献：《高阳县志》。

唐步清

唐步清（1842—1920），名秃，献县南唐庄人。青年时代
学医，医术精湛，尤擅长中医妇科及针灸。中年考入皇家御医
院大学士，曾因治疗光绪皇帝女儿之病加封五品顶戴，赐黄马
褂一件，送牌匾一块，上书"针妙如神，达及膏肓"。老年回
乡行医。一次外出遇一户人家正在举丧，问及是一产妇新亡。
唐步清要求一诊，而后说尚有一方可使其回生，遂令家属急取
旧箱大漆一片，点燃熏鼻，稍时有气，继灌服中药一剂，病人
苏醒，全家感恩戴德。唐氏治病多验，深得百姓赞誉，曾送
"品貌端祥"牌匾。

参考文献：《沧州地区卫生志》。

刘　芳

　　刘芳（1844—1931），号刘老芳。蔚县人。出身寒微，与寡母相依度日。刘老芳原在城内东街"元春堂"药店当账房先生，药店的主人韩连，在当时是一位有声望的中医。刘老芳耳濡目染，竟萌学医之念。韩连见其账目精明，加之勤于店务，于母至孝，便把日开药方让其誊写。由于他勤奋好学，刻苦钻研，又广泛阅读古人医药典籍，日积月累，终于成为当时有名的医生。他对内、外、针灸、儿科皆熟，尤以诊治小儿科疾病见长，因而被人们称为"小孩刘"。宣统三年（1911），刘老芳在城内北街自开"济春堂"药铺。他为老百姓看病，不论贫富，一视同仁。在瘟疫流行时，自制丸药，遍施乡里，为病人解除痛苦，受到人民群众的爱戴和尊敬。

　　参考文献：《蔚县卫生志》。

杨郅轩

　　杨郅轩（1851—1923），字坊域，青县王维屯人。几代行医，祖父子春精通针灸医术，叔父震生精通妇幼科病理。郅轩自幼勤奋好学，承祖业致力于医学的研究与实践，医术日渐精湛，医德高尚，名传京津等地，上门求医者络绎不绝。城中贵绅曾献巨薪请他去城行医，但其热爱故土及乡邻百姓，不肯应聘。终年奔走于青县、静海、沧县、大城等地乡村行医。1921年4月，四县民众联名赠匾六方，匾额题名分别为"术妙轩岐""杏林仙泽""据德依仁""世驾仁术""青囊永泽""灵素一门"。杨郅轩为人行医，深受广大群众的崇敬和爱戴。

参考文献：《青县志》。

文荫昌

文荫昌（1863—1924），清末医生。字裕如，新城（今河北高碑店）米家务北庄人。少年失怙，专心医药，多年杂采古方书，细字成巨帙，博观慎取，术业日进，凡所诊治，皆应手而愈。民国十三年卒，寿六十二岁。撰有《手抄三家脉学》二卷、《痘科选要》二卷、《疹科选要》二卷、《喉科》若干卷，未见刊行。

参考文献：《新城县志》《中医人物词典》《中医人名辞典》《河北医籍考》。

王承泰

王承泰（？—1924），晚清卢龙人。擅长医术，尤精外科，县境民间名医。创伤、骨折或跌打生命垂危者经他治疗，亦能起死回生。设有家庭病房，住治者常年数十人。家境贫寒者，经其治愈病员，无须谢礼，并施以粥饭。从医 50 年，治愈者不可数计。为人急公好义，夙孚众望，善排难解纷。周围二三十村，凡有纷争隙仇等情，经其调解，无不心服口服，重归于好。卒于 1924 年。

参考文献：《卢龙县志》。

王少怀

王少怀（1852—1925），字十三，号八五，乳名牛子，武强夹扩村人。7岁入私塾，勤奋好读，尤喜攻诗文，颇有造诣，深受启蒙老师的喜爱，后考取秀才。王少怀一生，怀才不遇，玩世不恭，抑恶扬善，褒贬是非，既为世人打抱不平，也为自己泄怨出气，终不为官府所用。王少怀晚年，潜心研究医术，悬壶济世，以医道泽露人间。

参考文献：《武强县志》。

耿长江

耿长江（1843—1926），字德盛，道号明恩（因传佛道，故有道号），成安北鱼口村人。幼年聪明伶俐，母亲勉励他说："我们家世代书香，家中藏书甚多，不可不读。"16岁失去父亲，加重了他的家务负担，遂半耕半读。闲暇时学习医术，因以济世救人。日久天长，医术精通。并得高人传授，专治疗毒，一经治疗，立见奇效。一日，南彭留村一人得了疗疮，非常严重，请耿长江前去诊治。耿诊后说："再晚一时，性命难保。"说着便立刻给他开刀做了手术，不几天即痊愈。晚年，医术更精，被他治好病的人数不胜数，而且不论贫富，有请必到。因此在他庭前总是车马盈门。年老体衰不能出诊后，便让他的四子廷梧代为诊治。

宣统二年（1910），他劝各村栽树。在他的倡导下，北鱼口村东沙地栽植了许多树木，除桃、梨、杏、李等果树外，遍栽柳、榆。民国九年（1920）大旱，夏无收，秋无禾，村民采树叶砍树枝，度过饥荒。栽果树的人家更是发了家，由赤贫而达小康。民国十五年（1926）八月病卒，享年84岁。

参考文献：《成安县志》。

孙永普

孙永普（1868—1926），字华廷，沧县望海寺大白冢村人。少时聪明过人，喜诗书，善五律，尤好研读历代名家医著，颇多领悟。后经一医生指导赐教，深得真谛，弱冠之年便以精治伤寒诸病名噪乡里。光绪二十一年（1895），华廷寓居京城地安门内悬壶，其间，博览古今名医典籍，又兼得杏林前辈教益，医技大进。光绪二十六年（1900），八国联军进攻北京，华廷避乱返回，在钱铺街开设药铺，倡"以治病为良，以济贫为善"之风。

孙氏内外两科，技皆精湛，用药不拘古训，讲究药到中的，善用大剂，而令人瞠目。大白头村杨氏之母，患腹痛，痛极时有欲亡之象。华廷诊为虫疾，方中重用砒石八两，令痛至极时一次服下。杨氏多虑，恐出意外，为母服药半剂，服后痛止，排虫甚多。回复华廷，华廷大惊，顿足曰："完矣！其虫未尽，石却不可再服，你母必死。"杨氏至家中，人已死去多时。孙氏医术，世人叹服，四方求医者昼无虚日，方圆数百里皆称其为"神医"。孙氏诊病，大善望诊，凡病者，经其察颜观色，便可断其预后，无不称奇。齐家务袁氏请得华廷诊治，见一佣人担水而入。华廷一见曰："何得一死人指使？"袁氏大惊，华廷曰："其病已至绝期，生不得明日此时。"袁氏疑为戏言，次日清晨，果见佣人死于床下。

民国八年（1919），沧州一带瘟疫流行，华廷昼夜奔波，得救者不计其数，且不取分文报酬，人称之谓"济世良医"。众送其匾，上书"普济乡邻"。翌年（1920）又于风化店开设"同济堂"药铺，规模之大，求医之众，远近驰名。

孙氏医术独秀于杏林，桃李硕多。其临床医案，同道得之，皆视同珍宝。但本人仍潜心研究，力求创新。相传曾获直隶省省试魁首。民国十一年（1922），集成《普济堂医案集要》首卷，书内理、法、方、药俱精，传抄者甚众。序中有言"以医道而谋财者不受"，其医德医风惠泽后人。因年久，此书已失传。

民国十五年（1926），孙华廷应天津督办褚玉璞之约，为其妻诊病。因遭庸医所嫉，蒙冤而遭枪决，舆论大哗。华廷死后，灵柩停于沧州"涌泉居"。各界人士集会悼念，皆痛叹曰："华廷一去，沧州无医也。"为表仰慕之情，曾为其绘制巨幅画像存世，以传后人。

参考文献：《沧州市卫生志》。

马文炳

马文炳（1861—1927），字尚纲，又名庭桂，赵县杨扈乡解家寨人。自幼随父延年读私塾，奋发自励，刻苦向学。20岁时，乡试为生员。因家贫，继父业，在曹柱舍、耿柏舍等村设帐授徒。授业期间，李建春、耿六经、曹文祥、曹锡杰等乡试中选，有"小寇碹"美称（寇碹为宁晋人，晚清著名塾师，其门生多中秀才，有"秀才模子"之称）。

戊戌变法失败，他深知八股文无用，科举制度害人，他愤世嫉俗，视功名为草芥，八股文为粪土，思想向务实发展，遂发愤攻读医学。对张仲景《伤寒论》、孙思邈《千金方》、李时珍《本草纲目》《濒湖脉学》以及针灸与民间有效验方等，无不精心研读、试验。投身医界后，精于治疗瘟疫、霍乱等症，善于针药齐施。凡经诊治，有起死回生之效。

1917 年赵县、宁晋一带发生瘟疫、霍乱，来势凶猛，感染者甚多。他不计个人安危，热心为患者治病。出入疫区，自携一药匣，一根三棱钢针，一经诊视，立时针刺服药，莫不立见成效，众呼"带药匣的先生"，从此，自为"一匣子"。杨扈村有户数千，霍乱流行时，死者相继，人人自危。文炳闻讯孟繁路家人病危，他救人心切，匆匆披衣戴帽前往，及至其家，发现所戴帽乃棉袄袜也，使众人哄笑。后被病家包围，日夜诊视不息，连两夜未眠。杨庆发把他藏在家中，郝庄偷偷接走治病，才摆脱围困。这时，本村解老銮、解小筐、马喜堂等岌岌待医，求延年从外村召回他以救本村病人。文炳回村后，自晨至暮，在全村巡医，到解黑牛家时，病家始知他一日未饭，强让他吃两三碗高粱粥才回家。

他行医平易近人，以"没有大医生架子"著称于世，而对贫家，则更简易。贫家若要待客时，他说："我爱吃蔓菁小米饭。"如贫家有豆面时，他说："我想吃豆面。"他不吸烟，不喝酒，一饭即罢。本村王六，家贫，有病无钱买药，他为之医治并施药，半年病愈，药资一文不取。因此，他行迹所至，每每发生"抢医"情事。李家疃病家以马车将他载走，后有车追之。前车御者鞭马飞奔，颠簸特甚，他在车上说："慢些！我尿裤子了！"御者不听，抵病家，他湿裤施诊，不责怪御者。

文炳虽性情和易，不与人忤，受人称道，但对富而无礼、为官倨傲者则予以抵制。郝庄一巨富，家人病危，已请数医至家守护。文炳后至，请于侧室喝茶，众医高坐堂上。因他粗布衣褂，众医以为"乡巴佬"。诊病后，即开汤剂，众医提问责难，他一一剖辩，引经据典，出言如流，众医折服。病者服药后，不日即愈。后数月，郝庄巨富又来请他，他以无礼拒之，三请三拒，后巨富持厚礼再请医，他将礼品分与乡里，始登车赴郝庄。赵县一县长家人病，派侍者持束请他。侍者恃县长请医，傲慢无礼，他白眼相待。日将午，以他事仍稽延未登车，侍者窘迫，改用温语求他登车，他说："我年老，请为我披大衣。"侍者如教。他再离座，又说："我有脚病，请为我着棉鞋。"侍者不敢违，又如教。后文炳慢慢上车，侍者殷勤扶持，傲气全消。

1919 年，赵县、宁晋诸县遭旱蝗灾害。岁饥，百姓乏食，村民有饿死者。宁晋边村天主教堂的外籍主教及神父，仰闻文炳医高如神，请他治病。了解到教堂当放粮赈济教民，他请主教为解家寨施赈粮。主教说："教堂放赈是为教民，不予教外人！"他高声说："我为民治病，从无教民与非教民之分，均一视同仁，我岂只为教外人医病而不为教民乎？"主教听之有理，为之动容，乃允援助高粱三马车，共万斤。他得赈粮后，由村民解老迪、解文栋等数人在村设粥场，依贫民户按人口施粥，全活甚众。此举，乡老感激不已。

1920 年夏，村民解二撇妻以产后心脏病去世。妇家诬为服毒致死，上诉县衙。他主张正义，出庭作证曰："解妇死前，系我诊疗，脉象虚浮，为心脏致病。开方、抓药、煎药俱经余手，服药亦余目见，毒死显为虚构。"妇家败诉。文炳主持正义，无私无畏，深受乡人称道。

1927 年秋，文炳卒。噩耗传出，举村震惊。而凶年饥岁之年的广大贫苦百姓，以及瘟疫、霍乱获救的人们，莫不哀痛欲绝，同声悲哭，纷纷到他家吊唁致哀。以解老迪、马听雨等人为首成立治丧处，收到各地送来锦帐 300 多幅，挽联及祭文二十多件。出殡时，全村数千人参加送葬，祭桌罗列，长街为满。灵榇缓行，群众争为扛抬。榇前高呼："乡亲们！记得喝高粱粥的大恩吗？"不要忘记恩人啊！"一人声起，万人堕泪，气氛悲壮，实为空前！灵柩绕行全村，从中午至日落，群众难分难舍。当棺入墓坑时，执锨者与观者，莫不挥泪痛哭。瞬间，高坟隆起，文炳永久安息。葬后，李建春、耿六经诸门生，捐资为授业恩师建神道碑一通，矗立路旁。碑文详细记载了众门人颂扬恩师之恩德及村众对他的厚爱。

参考文献：《赵县志》。

刘东美

刘东美（1847—1928），字宾南，唐山市东矿区巍峰山村人。少时聪颖好学，常常废寝忘食。清同治年间，他参加乡试考取秀才，又连捷考中进士，廷试后授予知县官职，继任保定府、顺天府教授，国子监博士。因其品学兼优，受到户部尚书翁同龢的器重，将其咨送会典馆，兼充校对官，后又任同知、知府等职。任职期间，事必躬亲，清正廉明，深得百姓爱戴。光绪末年，他以同知身份到山西任职，山西巡抚又调他去署理宁远厅抚民府。宁远辖境之内，汉蒙杂处，双方矛盾重重，好多讼案长年不得解决。到任后，首先清理了多年积压的案卷，又接理讼案，随接随审。对人命和偷盗大案，即使远隔一二百里，立即前往察访。他执法严正，铁面无私。当时，有个大盗被逮捕关押在厅狱中，其同党贿赂蒙盟首领到厅保释，并用厚礼贿赂刘东美，他严辞拒绝说："吾官可去，此盗不能纵也。"随后大盗即被绳之以法。他经常为百姓着想，他说："我本农家子，服官偶然事耳。来自田间，故深悉齐民疾苦，官场恶习，古人谓做官时少，做人时多，我辈固不能做官不做人也。"他在宁远任职期间成效卓著，百姓都称他是个好官。他回省后不久，辛亥革命爆发，推翻了满清王朝，他归田隐居。他很讲孝道，对嫡母孟氏的寝食琐事常侍不离左右。他深通医理，遍览家中所藏医书，不断研求，有手抄《医学辑要》若干卷。1928 年 12 月卒。

参考文献：《唐山市志》《唐山市东矿区志》。

冯椿苓

冯椿苓（1845—1930），字锡纯，肃宁白家村人。冯氏正骨第二代传人，行医数十年，以正骨舒筋普济百姓。他医术精湛，"手按摩，断者续，伤者愈。"每日求医者，络绎不绝。

冯椿苓去世后，吊唁者延绵数月，葬后有 37 县万余人捐资为其树碑，曰"公颂冯公椿苓功德碑铭"。碑楼对联云："建石志美好几辈，正骨舒筋，固不止千家奏效；树碑扬名许多人，报恩酬德，宜有此百代流芳。"

参考文献：《沧州地区卫生志》。

赵达三

赵达三（1850—1930），原籍沙河营，清末移居上坡村。幼时读书，无意功名，遂致力于医学。业经北张村李姓老中医悉心传授，仍孜孜以求，方始行医，一鸣惊人。1870 年前后，由上坡杨巨卿（精于妇科）赞助在城内开办人和堂药铺，行医卖药。先生出名后，仍大力研讨中医理论、方剂，于内、外科无不通晓，尤其精于臌症和伤寒两科。医德高尚，远近闻名。

参考文献：《容城县志》。

张清元

张清元（1858—1930），字汉臣，沧县穆官屯乡邢庄子村人。幼读诗书、经史，志求功名，因遭挫折，弃诗文而攻医学，力求精通，以资应用。寒窗数载，又得人指点，医术渐臻。行医数十年，医术精湛，用药独到，起死回生者不胜枚举。百里境内，无不知其名。一生宽厚敬谨，谦和待人，居身俭朴，不图名利，随叫随到，从不推诿。人皆仰敬，尊称"张索爷"，并言"先生一下车，病人就见好"。造福一方，盛名乡里。左右乡邻为感其德，数十村联合赠金匾一块，请翰林陆润庠为其书文"肘后真传"。张氏好学不厌，诲人不倦。其徒皆为一方名医。其孙张兆起继承祖业，行医于京、津等地，不负盛名。

参考文献：《沧州市卫生志》。

刘澍渊

刘澍渊（1860—1930），清朝医家。字静堂，河北阳原人。每试辄冠侪辈，出贡后，因体弱业医，以期自救救人。不数年学成，着手无不成春，以是名大噪。民国十九年（1930）终，寿七旬。著有《刘氏验方丛录》等。

参考文献：《中医人物词典》《中国分省医籍考》。

赵维祯

赵维祯（1871—1930），字持久，清河北赵庄村人。少年聪慧好学，20岁应童试，考取秀才。父赵兰，民间医生，精妇科。维祯性恬退，不慕名利，把济世之志，托之于医。继承其先世之业，对家藏的《内经》《难经》等医学经典著作熟读深思，反复研究，探索奥秘。根据临床经验，分析各种病症的原委，总结出许多验方，均有奇效。对中医外科尤为专长，有"刮骨疗毒"之誉。因此，就诊者座无虚席，求医者车马塞巷。维桢行医多年，医术日趋精湛，医疗态度也日益谦和。每天自晨至夕，待诊者满座，维祯无倦容。他急病人之急，想病人之想，随唤随到。出门诊病，以求医者先后为序，不分贵贱。距离近者徒步前往。对贫苦者施药治疗。他的医术高明，为当时名医许蓝田所推重。他的医德高尚，为广大群众所赞许。他家大门上，悬挂着群众恭送的"儒林名医"的金字匾。

维祯事母至孝。其母晚年患风痹，肢体麻木，还伴有心力衰竭病。因此，祯出诊从不在外留宿，每晚侍母侧，近20年。每出诊归来，将见闻琐事，像讲故事一样讲给老母听，以求老人的欢慰。维祯因劳成疾，民国十九年（1930）病故，年61岁。噩耗传出，方圆数十里之内的群众，痛惜流泪说："失我良医。"人们自动集资给维祯立了墓石，题曰"名医碑"。

参考文献：《清河县志》。

李彩亭

李彩亭（1872—1930），字呈章，定兴张祖庄村人，著名镖师李梁栋之长子。自幼随父习武，起初擅长地堂拳、地堂刀、米砂刀、米砂剑、翼德枪。30岁时与其弟李文亭、李耀亭到郑州拜形意拳名师李存义为师，学习形意拳，并曾辅佐李存义举办天津中华武士会。他广泛吸取各家之长，武艺更加扎实。他不仅武功出众，还粗通医理，能医数种疾病。

参考文献：《定兴县志》。

戴延年

戴延年（1860—1930），峰峰矿区义井镇北羊台村人。自幼好学，苦读诗书。光绪年间考中秀才，后屡试不第，深感清朝政治腐败，民生凋敝，遂弃经史而改习中医。潜心研读医书，又请同乡指教，加之临床实践，医术大进。行医三十余年，治愈许多疑难病症，誉满乡里，1930 年病逝，终年 70 岁。

参考文献：《峰峰矿区志》。

韩攀魁

韩攀魁（1860—1932），字云桂，东光韩庄村人。清代恩贡生，候补州判，敕授徵仕郎。30 岁行医，擅长内科杂症。临床经验丰富，颇受人民的爱戴。在学术上，著有《伤寒论探原直解四时杂感简摩集》一书，因当时条件所限未出版，原稿存其孙手中。

参考文献：《沧州地区卫生志》。

王际隆

王际隆（1855—1933），字兴文，涿鹿人，是宣化教育界的老前辈。幼时家贫，10 岁时至本县杨姓家塾中充侍读生。学习勤奋，竟随杨姓子弟一同参加考试，得中秀才。1898 年，直隶省开特科"拔贡"，他被推荐赴省，考中特科贡生，名列口北十县贡生之首。王际隆拥护"废科举、办学堂",深受宣化知府王守坤器重,被聘为宣化府中学堂第五任监督,由此长留宣化。1933 年在宣化逝世,享年 78 岁。

际隆办学,能博采新旧学派之长,且待人宽和,出于公心,深受师生爱戴。他办学数年,学校条件日益完善,且人才辈出。宣化府中学堂得以与当时顺天、保定等府办学堂齐名。辛亥革命后,际隆拥护共和,并在新旧政权交替的困难时期,多方筹措经费,使学校得以维持。际隆不仅热心教育,而且医术高明。1925 年,宣化白喉病流行,他配制验方,并自费印发,解救不少患者。

际隆劳瘁半生,业绩感人。逝世之后,吊者络绎不绝,挽幛多达千余,足见宣化士人怀念之深。

参考文献:《宣化区志》。

高素然

高素然(1860—1933),字清秋,定兴高家庄村人。秀才出身,自学医术,他知识渊博,善于钻研,医术高明,且医德高尚。曾在涿州开设保和堂药铺行医,以擅长内科、妇科而闻名遐迩。安新、雄县、徐水、易县、涞水等地患者慕名前来就诊者络绎不绝。民国十六年(1927),曾应张作霖之邀去东北为其六姜治病。他亲手配制的丹、散、丸、膏多有神效。

参考文献:《定兴县志》。

张锡纯

张锡纯(1860—1933),字寿甫,盐山边务乡张边务村

人。生于世儒之家，自幼随父读书，对于六经、诗词、天文皆
有精深研究，尤精易经，著有《易经图说》。后弃儒行医，广
搜古今中外医书百余种，博览深究，卓然自成一家。在临床
中，他选药配方，别出机杼，不落恒蹊。自创的升陷汤、理中
丸、解毒生化丹、卫生宝丹等160余种药，每试皆效，屡挽沉
疴。群医束手不治之症，他以大剂生之，远近服其胆识。

辛亥革命后，张锡纯应德州驻军统领黄华轩之请，为军医
正。适值西医逐渐传入中国，医务界出现了蔑视中医的倾向。
他挺身而出，上书北洋政府，主张师古而不泥古，参西而不背
中，以光大中医学为宗旨，既反对废弃中医中药，又反对顽固
守旧者抱残守缺不愿与西医为伍的思想。在临床中，他多取西
药之长，以济中药之短，对阿斯匹林的推崇便是一例。

民国八年（1919），张锡纯应北洋政府内务总长刘尚清之
邀，在沈阳开办立达中医院，并任院长。次年，所著《医学
衷中参西录》第一期出版，名溢四海。与江苏陆晋生、泰兴
杨如侯、广东刘蔚初被誉为"医林四大家"，又与慈溪张生
甫、嘉定张山雷并称"名医三张"。张锡纯在药物学研究方面
尤为出色。为了掌握药性，他曾口服花椒、甘遂，以验其药
力。大胆运用生石膏、生山药，被医学界誉为"医学革命第
一人"。

民国十九年（1930），年逾古稀的张锡纯在天津创办国医
函授学校，培养中医后继人才，投其门下者500余人。他首先
开伤寒课，编写讲义，由其子张荫潮、其孙张铭勋校对付印，
然后分寄各地。弟子中著名者有四川周禹锡、江苏陈爱堂与李
慰农、通县高砚樵、湖南王攻醒、深县张方舆、天津孙玉泉与
李宝和、辽宁仲晓秋等。

张锡纯的医著《医学衷中参西录》，自民国七年（1918）

第一期出版至民国二十三年（1934）出版第七期，长达 30 卷，是其一生刻苦钻研的心血结晶，在医学界影响极大。为一般中医者所喜用，并流传到印度尼西亚、新加坡、朝鲜、美国等地，被誉为"医家必读之书""医学中第一可法之书""医学上至宝至贵之救命书"。1956 年张铭勋将《医学衷中参西录》版权无偿献给国家，后多次印刷，在国内外发行。1933 年与世长辞，享年 74 岁。

参考文献：《沧州市志》《沧州市卫生志》。

程炳泰

程炳泰（1857—1935），黄骅齐家务乡同居东村人。深得静海神针刘连如真传，又加以发挥，针砭见奇效。其针法有三：子午流注法，以脉定干支，以干支定十二经病，时上有穴，穴上有时，万病一针；脉起八卦针灸法；十指化合针灸法。程氏针法传子传孙等多人，受业门徒甚众。性慷慨慈善，有求医者无不欣然。

参考文献：《沧州地区卫生志》。

张日睿

张日睿（1864—1935），字湛波，大许孝子村人。世代耕读，父母以忠厚善良著称。他过目成诵，被邻里誉为才子。清光绪二十一年（1895），应乡试中举人。时值戊戌变法前夕，张湛波是"公车上书"千余名举子之一。其为人谦逊和蔼，平易近人。任北京大理院推事时，去东北地区赈济灾民，深得百姓爱戴。每回乡探亲，总坚持下田劳动，达官贵人对他的嘲讽只作耳边风。中华民国初，张湛波受张伯苓之聘，到天津南开中学任教，后擢升为南开大学教授。任教多年，为国家培养了一批人才。周恩来、邓颖超、许广平等都曾从学于他。后因病返乡，暮年钻研医学，每有病人，亲往诊治，深受邻里尊重。1935 年病逝，享年 71 岁。

参考文献：《孟村回族自治县志》。

梁振川

梁振川（1878—1936），字励臣，保定北市区任庄人。曾随私塾先生学习《伤寒杂病论》《黄帝内经》《本草纲目》等医学书籍。有一年，保定北郊霍乱流行，由于缺医少药，梁振川的同窗学友 40 余人死于是疫。目睹此情景，更激发了他发奋学医、救死扶伤的决心。从此他开始邃密医书，日夜不辍。此时乡间有一中医刘老先生，梁振川拜他为师，并开始应诊行医，往来于乡间农家。他为贫苦乡亲治病，从不收取分文。谨遵为人治病是济世救人，并在家贴上"不为良相，愿为良医"以铭心志。梁振川傲骨铮铮，对欺压人民的贪官污吏尤为痛恨。一日，城里有位高官找他治病，前呼后拥，气势威赫，梁振川正在田间收麦，得知此情说："叫他们等着，拔到地头再说，不愿等就走。"一个多小时后才回去看病。贫苦乡邻找他看病，家中的土炕成了病床，他告诫家人说："这是百年不散的乡亲，一定好好待他们。"

1906 年初夏，光绪皇帝的妹妹到古城保定游玩，不期身染重病，连续高烧，昏迷不醒，不进饮食。皇宫三名御医轮流来保定给御妹看病，均未奏效，皇家一班人心急火燎。无奈在保定的四个城门张贴皇榜征求良医。每个城门都有一太监一轿

车守候揭榜人。此时恰逢梁振川进城办事，来到城门外的一个
盐店。店主见到梁医生，急忙告诉他皇榜之事。当时只有28
岁的梁医生，听后便从容前去揭了皇榜。经梁振川诊治，服十
几剂中药后，御妹病愈回宫。一天早上，御妹的儿子铁良带队
直奔任庄而来。队首是卫士抬三张桌子，第一桌上放着一块檀
香木匾额，匾长2米多，宽1米多，香味浓厚，黑底金字。右
上方大字是"励臣梁老夫子"，匾中是"当世叔和"四个大
字，左下款落"钦加二品兵部侍郎铁良拜"；第二桌置靴帽官
服（封梁振川为五品官，相当知州）；第三桌放着元宝，堆成
玉塔形。随后是铁良乘坐的绿呢大轿及保定南北司、清苑县令
和卫队。皇廷送匾震动了古城，更惊动了一向沉寂无名仅40
余户的小乡村。

铁良对梁振川说："你已小有名气，就不要当乡医了。"
梁医生被介绍到保定军官学校当了军医官，三个月后到直系第
四混成旅军医院任院长。1923年的一天，军医院的潘医官为
一名士兵做手术，他嘴里衔着象牙烟咀，边吸烟边手术，忽然
一大段烟灰落在病人的伤口内，病人痛得惨叫。梁院长闻声而
至，看见这个平时对上溜须拍马、对下漠不关心的旅长亲戚，
顿时怒不可遏，狠狠地打了他一个耳光。

1926年梁医生回到保定，在古城东大街大舞台附近开设
了一家中西医院，为家乡人民救死扶伤十余年。1936年因患
肠癌逝世，享年58岁。

梁振川一生俭朴，不吸烟，不饮酒，热衷武术，每晚必练
拳舞剑，强身健体。他待继母至孝，任职时常接继母到住所。
每餐必请她坐上座，先尝冷热，亲自将菜夹到老母碗中。后来
梁振川之子梁幼生承继祖业，在韩庄开办中医诊所，继续为村
民服务。

参考文献：《保定市志》《保定市北市区志》。

李连壁

李连壁（1882—1936），字润玺，献县陵上寺村人，天主教徒。祖父李学闵经商，父亲李杰从医，祖孙三代慷慨好义，恭礼让财。

连壁父李杰行医概不收费，也不受酬谢。有一陈姓人家，请他治病，屡医屡效，陈家感戴不尽。清光绪十三至十六年（1887—1890），当地连遭洪灾。李连壁家衣食困难，李父又染重病。陈家不忍，赠银三十两度荒解困。李杰临终遗嘱，过后一定送还。父逝后，李连壁如数送还银两，陈家及乡亲大为感动，议用此资为李家挂金匾，表彰匡世德风。连壁得知，赶至陈家婉言谢绝。

李连壁祖父在河南经商时，欠陈州刘万顺款若干，临终前命儿李杰前去偿还，但李杰未及成行也殁。连壁即去河南还债，走遍陈州、汴梁（今开封市）才找到刘家，但刘万顺已过世，其家人不知有此债。连壁说："你们不知，我也要还，不必推辞。"于是决然交付。

后来，连壁在家乡开一药店。虽不尽知医，但尽力舍药。清光绪二十六年（1900），义和团在献县兴起，围攻陵上寺教堂时，三名义和团成员被洋人抓捕，洋人意欲杀掉，经李连壁竭力阻止，将三人释放。而后外国增兵镇压义和团，协议各教堂连保，名为联保，实借此勒索教民钱粮，连壁又保护城东各村免去洋人的勒索。

连壁膝下三子，长子、次子早卒，三子名登华，民国四年（1915）任广西龙州县知事，为官清廉，有其父遗风。

参考文献：《献县志》。

郝麟书

郝麟书（1890—1937），字玉堂，绰号郝老玉。生于邢台市中医世家，继承祖业，对中医外科尤有造诣，早年即已成名，每日登门来诊求医者无计其数。病人甚为感激，赠送锦匾一块，上写"接踵俞附"四个大字，悬挂门头。书不仅医疗技术有素，而且品德高尚。对前来就诊者，不论职位高低，贫富贵贱，总是问病求源，标本同治，对确实无力付药费者，则免费治疗，1937 年因病逝世，终年 47 岁。

参考文献：《邢台市卫生志》。

王士元

王士元（1845—1937），吴桥水波乡东张篦头村人。幼年上过三年私塾，17 岁始学医。习修针灸，经多年学习和实践，成为当地有声望的医生。1930 年春，徐王村农民徐运轩患腹痛病，久治不愈，后经士元施针灸、汤剂治疗，病人痊愈。士元医术高明，医德高尚。西张篦头村有个王六，母子二人以乞讨为生。王六之母常年有病，无钱求医买药，士元经常为其母免费治病。士元不畏权势，不计私怨。在一次药王庙会上，碰上恶霸地主莫志滨勒索屠户，大打出手。他气愤不过，挺身而出，和莫争辩。观者为之助威，莫见众怒难犯，只得敛威退让。事隔不久，莫的儿媳难产，经几名大夫诊视，无法处理，莫只得派人请王诊治。王说，莫为人虽是霸道，但其儿媳无过，人命关天，不能见死不救。经士元精心治疗，莫的儿媳脱险，胎儿顺利降生。

王士元行医七十余年，医术高超，救死扶伤，德技俱佳，深受乡亲爱戴。被乡里誉为"神医"。光绪二十六年（1900）城东35村联名送他一块"济世活人"的金字大匾。光绪二十九年（1903），城北43村联名赠他"金针度人"的金字大匾。王士元为把自己几十年的针灸经验传给后人，撰有《针灸大成注释》一书。1937年，王士元病故，终年92岁。

参考文献：《吴桥县志》《沧州地区卫生志》。

张炳昆

张炳昆（1868—1937），东光大单乡砥桥村人。炳昆自幼随父习医，遍读《内经》《伤寒论》等历代名家医著、经典。临证无不着手回春。清光绪末年，被封赏五品蓝翎顶戴。民国年间，官居南皮县南区区官，开设"万春药店"。炳昆注重医德，恪守"医者半积阴德半成才"之古训，给孝敬父母的穷苦人治病，分文不取，对富豪官吏，药费加倍。一生性情直爽，不为豪仕家族所屈，不为高官厚禄所动。北六省督军孙传芳欲招为随军军医，决意不仕。国民政府行政院长张济之母患痢，经洋人及南京政府医馆之名医治疗，病情加重，遂请炳昆，令服中药二剂即愈。张济欲赠匾额，炳昆辞绝不受。

参考文献：《沧州地区卫生志》《东光县志》。

赵寿山

赵寿山（1873—1938），涉县更乐镇红街村人。清末，曾被封六品军功。赵寿山自幼上学，习文学武，勤学好问，闻博识广，精通刑律，曾在涉县、辽县、黎城等地为百姓写状文。因秉性耿直，关心民事，扶危济困，不畏豪强，据理力争，为百姓伸冤，深受人民拥护，美其名曰"理事成先生"。宣统二年（1910），因天灾人祸，爱妻病故破产，为生活所迫，背井离乡，到山西省黎城县寺底村逃荒种地。那里是深山区，交通闭塞，当地缺医少药，许多农民生病，甭说没有钱，就是有钱在当地也找不到医生治病。寿山看到此情，痛心疾首，下定决心，利用自己渊博的知识，钻研中医理论、技术，采集中草药，为民治病，很受穷苦人民的欢迎。由于寿山没冬没夏地上山采药，常年为民治病，医术长进很快，再加上态度温和、医德高尚，邻近各村，慕名而来求医者，络绎不绝。宣统三年（1911），他办起了"万顺义"中药杂货铺，行医卖药，生活逐渐安定下来。民国五年（1916），由黎城县寺底村迁回更乐镇，与长子维一在红街巷张家祠堂开设"万顺义"医药杂货铺，为民看病施药，得到更乐人民的信任和好评。"万顺义"医药杂货铺从宣统三年（1911）到1958年"大跃进"将医药铺合并于更乐乡医疗所止，前后开业47年。

参考文献：《涉县卫生志》。

霍聚生

霍聚生（1869—1938），字毓秀，俗称霍老毓，清末民初沙河名医。1869年生于小屯桥村一个比较富裕的家庭。其青少年时代，准备走读书科举的路，但在准备考秀才时，遇父亲患病，在照料父亲的过程中，聚生滋生了学医的念头。此后，经过八年多的刻苦自学，他攻读了《伤寒论》《金匮要略》《女科要旨》《本草纲目》等经典著作，写下了大量的读书笔记。挂牌行医后，他对每个病人的诊治都非常认真，他开的药方均为一式两份，一份取药，一份留下做存根，患者走后，拿起书本，对照存根，反复研究是否恰当。

随着经验的增多，他的医术越来越高，名声越来越远。他家门前经常车马不断，有本县的，有邢台、武安的，还有永年的，有时一天要接待五六十人。聚生最擅长治疗的是肺病。1927年，本县人留法生郝子固因肺病辍学回国，在北京经协和医院治疗不见好转，无奈中抱着试试看的心态让聚生去看，想不到经过两个多月的治疗，即大病痊愈，一时被视为奇迹。聚生还善治妇科诸症，北掌有位宗氏妇女产后大便难，合并发烧、咳嗽，诊断为阴虚火热，肠胃郁结之证，治疗应泻下通便，也应滋阴补血，两者互相矛盾。一般来说，产后忌下。聚生根据他的丰富经验，大胆使用大承气汤合四物汤数剂，待病情好转，又用泻白散数剂，诸病皆消。他说："治病要审时度势，根据病人情况灵活运用，不可泥于一法。"1929年，聚生被邢台四师聘为校医，打破了当时中等学校只有西医没有中医的局面。他治好了许多疑难病症，邢台十二中、邢台女子师范的师生及校外患者也纷纷前来就诊。师生们赞其妙手回春之功，送他"霍去病"的雅号。他却说："医生治病，对病人只有三分权，七分在病人的配合和调理，如果患者不很好配合，不能调动本身之正气，是难于医好的。"1934年，霍聚生复回家乡行医。他重视医德，有钱没钱都给治病。有一年，外乡一位说书艺人患病，聚生不仅免费给其治病，临走还以衣帽相赠。他教徒极严，其五子曾跟他学医，只因背诵《医学三字经》背不对，便不准其学医了。

1938年，聚生患病，让其徒弟庞善同切脉，庞不知是什么脉，聚生对他说："我这是绝症，以后碰到这种脉就不要开方子了。"果然，三天后，便与世长辞。其徒弟庞善同、张新吾后来也成为了沙河名医。

参考文献：《沙河市志》。

姚铁臣

姚铁臣（？—1938），任丘吕公堡人，生于清代同治初年，卒于中华民国二十七年（1938）。自幼学医，擅长中医内科。原在本地行医，后到北京挂牌行医。曾以医术高超，收费低廉，招来众多患者，因而久负盛名于北京，后因给慈禧太后诊治疾病而受信崇，被封为六品御医。

参考文献：《沧州地区卫生志》。

屈保章

屈保章（1889—1938），字全才，威县乔家庄人。自幼熟读四书五经、古典名著、诸子百家，后从医为乡亲治病，因医术精深，医德高尚，人称之为"城南神医"。

保章16岁时，威县城南流行霍乱病，村中时有阖家数口暴尸茅舍荒院者。保章目睹惨状，决心学医治病，于是到高家村随外祖父学医。其外祖父是有名的民间中医，收藏许多医学名著和多年积累的民间偏方、验方。保章不分寒暑，手不释卷，日夜攻读，博览群书，广采众论，医学造诣颇深，特别对治疗猩红热、副伤寒，精心研究，有独特的偏方。后又拜城内名医刘老边为师，医术更加精深。

保章一生乐善好施，同情劳苦大众。为使穷人看病少花钱或不花钱，他特别注意研究些民间偏方、验方。他常自采中草药，为穷乡亲治病。威县南街"春和堂"药店老板与保章是故交，看到百姓拿着他的处方来买药，总是一笑说："又是几个铜钱的方子，我难发财哟！"他一生行医，只开处方，不卖药。对无钱买药的贫苦人家，时常解囊相助，济人之急。

保章为人治病，不分贵贱，不辞劳苦。四方就医者络绎不绝，保章依次诊病。即使他舅舅，也得依次候诊，舅舅怒斥他"六亲不认"。

由于保章医术精湛，医德高尚，因此深受远近村民和患者的敬仰。民国十二年（1923）春，城南一带村民为表彰其功德，锣鼓喧天，敬赠一匾，金粉横书"艺精岐黄"，朱丹书"屈全才翁德政"。

民国二十七年二月，屈保章因积劳成疾去世，终年49岁。

参考文献：《威县志》。

王廷元

王廷元（1881—1939），清光绪七年（1881）出生于宣化城内，1939年病逝于北平，年仅58岁。其祖辈世代行医，并在宣化创办了万金堂药店，素有声誉。廷元为名医王之万长子，三岁丧母，由祖母郭氏抚养成人。郭氏循循善诱，廷元幼亦好学。17岁即中秀才，21岁中举，并以举人身份留学日本。22岁归国，考入保定优级师范（相当于师范学院）。毕业后，因成绩优异，由优级师范监督（校长）严范孙先生推荐至黑龙江省任省署教育监督，主持兴办新学，并兼省立师范学堂监督。廷元热心教育事业，又熟知东西教育体制，在其主持下，各地学堂次第开设，学务逐步开展，且智、德、体三育并重。正当此时，廷元突被调任大通县知事。廷元志不在此，多方谋复教职，终获调任黑龙江省立第一中学校长。廷元任一中校长9年，苦心经营，孜孜不倦，既多方延聘优秀教师以提高教学质量，又严格端正学校风气以养成好学精神，并聘请名武师陈子正先生任体育教师，加强锻炼，以提高学生身体素质。由于他的艰苦努力，黑龙江省立一中人才辈出，声誉日隆。毕业学生多能考入京、津两地著名学校，在校师生大都热爱体育，参加全国武术比赛和其他运动竞赛，多有夺魁者。

民国七年（1918），廷元当选为直隶省议员，乃离开黑龙江，迁寓天津。1924年，又迁居北京。"七七事变"后，日伪迫其担任伪职，廷元总借经商为由，托辞谢绝，然日伪胁迫仍无休止，1939年，廷元忧愤以殁。

廷元早年献身教育，既多办学业绩，又多理论阐述。周邦道教授曾为之作传，载入所编《中国教育家小传》中。保定教育会编印的《教育杂志》曾登载不少廷元撰写的论文。

参考文献：《宣化区志》。

王廷士

王廷士（1886—1948），宣化万金堂名医王之万次子，1886年出生于宣化。万金堂药店为王氏祖业，创办于明代，清代中叶即已誉满一方。廷士幼读诗书，学问根基甚厚。17岁随父学医，博览医学古籍，精通张仲景《伤寒论》。加之重视实践，临床经验颇为丰富。24岁即开始独立行医，擅长治疗温病和伤寒症。王廷士行医，保持其父遗风。遇贫苦人看病不收诊费，并在处方上注明"送方"，免收药款。还在王氏家庙购存大批西瓜，随时送给贫苦患者去暑利尿。王廷士以医济人，深受群众爱戴。因其排行第二，特尊称之为王二先生。

1948 年王病逝于家中，终年 62 岁。

参考文献：《宣化区志》。

张仲元

张仲元（1863—1939），清光绪年间御医。字午樵，乐亭西南乡张家铺（今曹庄子乡张庄子）人。幼年聪颖好学，因家境贫寒辍学，跟随其父张祥云在京城行医。他刻苦努力，博览医书，随年龄增长，医业大有长进，临床尤精于内、外两科。后考入太医院数年，医技未得发挥。

一次，慈禧太后患左臂不能屈伸之症，虽经数日治疗，症状亦不见好转，许多御医都没有办法。后经张仲元诊治，应手霍然而愈。从此，其名声大噪，得以越级超迁。光绪二十九年（1903），被授以正堂职。宣统元年（1909），升任太医院主官——院使，为五品顶戴花翎，兼上药房值宿供奉官。

据《清史稿》记载，其上任后曾上疏朝廷，要求改太医院旧制获准。其后改为花翎四品顶戴。后仲元迁任督办清察管理太医院事务大臣，为花翎三品顶戴。后闲居寓所"如不及斋"，1939 年逝世。

张仲元是清代最后一位太医院院使，也是中国历史上最后一位太医院院使。光绪四年至光绪二十一年（1878—1895），张仲元曾多次为光绪帝和慈禧太后诊病，是这一时期太医院最重要、最有名的御医。在陈可冀等所著《慈禧光绪医方选议》一书中，收录有他参与为慈禧、光绪所拟处方近 40 条。在《清宫医案选》一书中，也选有许多他所诊治的案例。

参考文献：《唐山市志》《乐亭县志》。

唐式璇

唐式璇（1871—1940），清代医生。号说圆，别名法天，丰南唐坊村人。自幼受惠于庭训启蒙，年稍长，入丰润县中门庄吴卓堂塾馆受业，即以才华横溢为人称道。当时丰润县县官芦某慕名来唐家数次，敦请他去县里做事。因唐父不愿子嗣涉足仕途而加以阻止，后应丰润县跑庄张氏富绅延聘执塾。适值妻子卧床患病，因庸医误药致死，痛定思痛，遂发奋习医。后又应聘宣庄高等小学堂任汉文和历史教习。暇时研读《温病条辨》《黄帝内经》等医学典籍。边教书教行医，渐而名声有著，遂辞教职而专操岐黄。其间曾为山东军务督办张宗昌和国民革命军第二军团长商震诊视癌疾。在唐山新立街（今解放路）"维兴堂""玉德堂""同德堂""仁德堂"坐堂应诊，名噪一时，因用药剂量偏重，疗效神奇，绰号"唐大砂锅"。平时，对诗词歌赋也常涉猎，尤偏爱书法。大凡著述、札记、处方、医案均以蝇头小楷工撰誊抄，一丝不苟。花甲之年尚秉烛夜读，钻研医理，毫不懈怠。平生著述很多，可惜后来毁于"文革"。他性格内向，素日寡言少语，但态度平易近人，每逢归里省亲，慕名求治者继踵而至。他以悬壶济世为己任，不厌不烦，一一诊视。桑梓父老受惠者很多，其高尚医德和精良技艺至今盛传乡里。

参考文献：《丰南卫生志》。

李桐音

李桐音，字谱琴，光绪甲午举人。科举停，入巡警学堂。毕业归,创兴黎全县警务。南皮张相国司太学,令各行省举经明行修之举贡五六人充经学弟子,桐与焉。讲习《周礼》《尔雅》诸书,课余留心于星命、卜筮、堪舆之学。毕业后伤心世变,欲从事于术数之学。又善针法,虽患沉疴,着手病除。民国十六年,自批流年不利,思远出以禳之,乃应汤都统之聘,抵热河。月余,病卒,年六十。子,润嘉,中学毕业。

参考文献:《民国昌黎县志校注》。

李临溪

李临溪(1853—1941),涉城镇城里村人。祖传五代行医,中医世家,祖上治疗疑难病有二百多年历史,积累了大量秘方、验方。李临溪自幼学医,擅长中医外科,治疗疔、疮、痈,并运用中医治愈偏瘫、癫痫等多种疑难病。不管白天黑夜,随叫随到。曾有一患者,患淋巴结核,颈部成串而生,结核累累,中医称之为瘰疬,俗称"老鼠疮",疮面破溃肉腐,脓血淋漓,李临溪施用中医外科手术,将结核肿块一一割除,并将秘方中药敷于患处,疮面逐渐消失,变成与正常皮肤一样,不再复发。其治疮技术在晋、冀、豫闻名,在 82 岁高龄的时候,还有很多病人慕名前来寻医问诊,他都细细诊断治疗,为老百姓解除病痛。

参考文献:《涉县卫生志》。

时之藩

时之藩(1868—1941),深州石像村人。其祖父时华祝是深州名医，"精正骨术，批隙导窾，神乎其技，自壮比老，持正骨以医人者垂五十年，凡遇损伤折跌，无不治十起九，以是名闻州里，求医者踵接于门。"（《时氏家传正骨术·序》）其父时景州也是一名中医。之藩深得祖父喜爱，童年时与祖父朝夕相伴，祖父每次做手术时，都对他边讲解边指点，告诉他病在哪里，应该怎样治。之藩见闻既久，私下常常模仿以为戏，祖父见了，高兴地说："吾术将授于吾孙，孙其勉之!"每天从私塾归来，之藩都从祖父学习，有时祖父外出，前来求医的人请之藩代为医治，居然效果极佳。成年之后，之藩入深州州学，为弟子员。之后，之藩在外学习的时间多，在祖父身边的时间少，但每遇伏腊归省，必请祖父给他讲解正骨术，立志继承祖父的高明医术，并使之发扬光大。

民国元年（1912），之藩离开石像村，到日本学习染织专业，求学之余，认真研读中西人体骨骼诸学说，参考互证，医术进一步提高。数年后回到祖国，在北平和天津办学堂、办农场、开医院。于六十四岁高龄之时，承祖父之遗训和一生正骨经验，在当时正骨学术流传甚少的情况下，打破世人唯利是图、秘不示人的旧观念，将祖传中医正骨术参以西说，撰写成书，以育后人，其品格之高，令后人称颂。

该书题为《时氏家传正骨术》，全书分两卷，共26000余字，上卷为头躯四肢，下卷系以图说。1931年撰写完稿，1932在中华印书局出版，由北平开明书局、天津谦祥书局、江东书局发行。

民国十七年（1928），时之藩回故乡开办正骨诊所。他医术非常高明，看病从不留后手，遇贫穷患者常常不收费。他出诊到穷人家，一般不吃饭，遇盛情难却或不得不吃时，就点名吃红糁饼子、辣椒皮、稀饭汤。一次，一髋关节脱位患者前来求医，之藩让他自己下车，当患者强忍疼痛十分吃力地站到地上后，之藩乘其不备，向其猛推一把，患者关节立即复位。观者无不拍手称奇，连称神医。之藩名气越来越大，四方前来求医者络绎不绝。

民国三十年（1941）时之藩去世，享年73岁。其正骨术代代相传，石像骨科远近闻名。

参考文献：《深县志》《深泽县志》《衡水地区科学技术志》。

郭润里

郭润里（1898—1941），学名宗仅，高邑县花园村人，早年毕业于高邑县乡村师范学校。毕业后，曾在本县大夫庄村任小学教师。因其酷爱医学，在岗位时考进天津市中华西医学校函授班，他努力学习，钻研医道，不但认真学习西医，还利用教学空隙时间，自修中华国粹中医理论，并义务为学生、周边百姓诊断看病。

郭润里从天津西医学校函授毕业后，经考核合格，得授医学学士学位。他在业余义务为民众治病过程中，热情服务，平易近人，患者百问不厌，他不因患者琐言而烦躁，受到群众的高度信赖与尊敬。他因认真研究医理药性，精通医术，处经方而纳新解，用典籍而融己见，效果好，顺民愿，名声大振，消息不胫而走，方圆数十里的患者争相前来看病。

在这种特殊情况下，为不影响学生们学习，便辞职，并与父亲郭修基商议，到县城立业开诊。他卖了祖上仅留的二亩地，购买了一些必用的家具、常用药械，开起"中华医院"。

在开诊行医的同时，还培养自己的二、四、五、六弟陆续在医院学医，边学理论，边实践，很快便各自出师。二弟到曲周开办"中华医院"，四弟到临城开办"华北兄弟医院"，五弟到柏乡开办"中华医院"。后来，大女婿赵博学（本县北关人）与北大街姨外甥郭风洲二人跟他学医三年，出师后，赵博学到赞皇、郭风洲到赵县西封斯村开办诊所。郭润里先后培养医生 12 人。郭润里精通医道，名声大振，高邑县政府特聘他为"名誉监狱医官"（即法医）。凡是重伤重病，取保就医者均须由他诊断签字，才予批准。

高邑县红十字协会分设医院，就把牌子挂在郭润里的"中华医院"处，并把院长兼主治医师牌子也挂在他的办公桌。当时，他对轻病员，只收药本费，其他费用全免收。对贫穷无力负担药费的重病人，就上报总会，药费全免，由红十字会付款。

"九一八事变"后，国民党六十三军九十一师冯占海参谋长患重病，经军医处治疗无效，病情越来越重，在危急时刻，经郭润里精心诊治三次后，病情好转痊愈。冯占海认为郭润里医术非凡，请他到军医处当副长。郭润里故土难舍，不愿放弃对家乡百姓应诊之需，便婉言谢绝。

郭润里的一生，是精心学医、真诚热心服务民众的一生。自己在生活上无所追求，克勤克俭，艰苦奋斗，省吃俭用，积下钱来，都买了医书。每逢发现新版的日、德、美、俄等国家的中文版医书，都不惜代价，拼力购买，将全部精力用于攻读医理。他不图名、不图利，医德高尚，群众送来木大匾 18 块，锦旗无数。

参考文献：《高邑县卫生志》。

李魁山

李魁山（1875—1942），字文波，沧州人，出身于中医世家。幼入私塾，饱读四书五经，因屡次秋闱不第，遂放弃功名，从父李季贞行医，20 岁时即随父出诊。因矢志刻苦，对历代医家著作颇多领悟，施治辨证屡有奇效，备受医林前辈赞许，患者亦深为叹服。21 岁时其父病逝，乃秉承父业，正式悬壶。30 岁时已名扬津南、沧县、盐山、南皮、庆云一带，慕名投医者，日有多起。献县纪家、南皮张家等名门都曾多次派人专程请去诊治，清朝末科状元肃宁人刘春霖亦派人邀其治病。

李魁山精研医理，尤对瘟病研究颇深。常对人说："吾治瘟病药不过二三剂，轻者药到病除，重者亦大有好转。"南关洋楼一外国传教士身患痢疾，在博施医院经治十数日无效，病情日趋严重，痛苦不堪。经人介绍，抱着姑且一试的态度，请去诊治，三剂药病好如初，叹服不已。西门外天主教堂贾神父（英国人）在沧传教多年，每有恙疾，必请李氏前往诊治，无不效验。民国七年（1918）沧州瘟疫盛行，死者无数。李氏因昼夜出诊，疲劳过度，病倒于床，但仍心系病人，开出验方，交于县内知名人士郭砚波刻印传送，服此药活者甚多。

李魁山治病非常认真，望、闻、问、切一丝不苟，开方下药都是再三斟酌，药味求精不求多。既继承前人的经验，又不唯书是从，不仅因病、因时而异，而且也因人而异。有一大汉身体素壮，突染重病，遍请大夫诊治不见好转，经人介绍，前来就医。诊后，处方药量硕大，超出常人两倍，药铺不敢抓取，让病家去人询问。李氏告之："放心吃药，决无问题。"

果然，一剂药服下大病霍然。

李魁山治病尽心竭虑，不拘古训，力求新解，对沉疴杂症，中风不语，亦有功力。河北省立二中（现沧州市一中学）教师张冠伦素有疾病，多年经治无效，曾到京、津各大医院求治，但病痛如故。后求到李魁山，几剂药吃下，病情大有好转。后将处方配成丸药，经常服用，一年后沉疴痊愈。张氏喜出望外，特送软匾一块，上书"百病胥蠲"。由此，曾对中医偏见较深的教职员工竞相前来就医。

李氏行医数十年，声望遐迩，功绩斐然。经一中风痊愈的小贩倡议，遂发起群众送匾送伞活动，捐款、签名者无数，最后绣成万民伞四把，大红软缎匾额两块，上书"心向胞与一视同仁"。

李魁山平生好饮酒，广交游，不置田产，交友不分贫富，三教九流，社会各层皆有挚友。与城北昭宗祠高僧恒修、书法家吴介三（著名书法家吴席宾的父亲）、画家潘联桂等交谊深厚。李氏一生亲传弟子只有刘佩香一人。

1942 年春节前夕，去南门外义和油店应诊，突发脑疾，溘逝。

参考文献：《沧州市卫生志》。

杜逖村

杜逖〔yí〕村（1867—1942），沧州人，儒门出身。自幼熟读诗书，识礼仪，善书法。因考取功名不就，遂以教私塾为生。饱读史书，满腹经纶，尤喜医书，百阅不厌。对《内经》《伤寒论》《金匮要略》研究亦深，闲时常与一些中医人士议论，问药解方，研讨治病之理，以增加学识。后受一些名医指点，医理、药理长进迅速。某学生之父沉疴多年，屡治不愈，丧失劳动能力。杜氏身手初试，几剂药患者病痛大减，经治月余，病好如初。此事沸扬，求医者纷至，应接不暇。

杜迳村治病，旨在施善于人，分文不受。对沉疴杂症兴趣大浓，殚心竭虑，审证辨因，每见其效，身心大悦。

杜迳村素有儒家风度，重名轻利，为人施治，皆为其义。后私塾渐渐衰败，家境窘困，仍不以从医为业。常有人请其到药铺坐堂，或为私家医生，都婉言谢绝。

日军占领沧州后，常有一些特务找上门求医，或为日军求医，杜氏从不成行，威胁利诱，不为所动。

杜迳村以济困救危为乐事，业医五十余载，善始善终。晚年将验案录以成册，聊以自慰，后毁于日军飞机轰炸。

杜迳村一生业余行医，洁身自好，独享其乐。每有拜师习医者，拒不接纳，杜氏后人亦未继祖业。

参考文献：《沧州市卫生志》。

刘景南

刘景南（1880—1943），字寿昌，原籍阳原，生于宣化。自幼好学，1902年中举，任教宣化府中学堂，随又接任学校监督。1904年东渡日本，专攻教育。归国后，任黑龙江齐齐哈尔中学堂堂长。民国初年，参加政府文官考试中选，被任为山西屯留县知县。当时军阀争战，难于有所建树，乃辞归乡里，先后担任宣化县商务会会长、宣化农工银行行长、县参议会参议、县水利会会长和省立第四女师校长。

刘景南急人危难，敢于任事。涿鹿吕复，刘之故交，同登乡榜，同赴日本。吕复反对曹锟贿选总统，用石砚掷击曹之秘书长，为避追捕，逸至宣化。刘素重友情，乃伪称儿媳分娩，将吕复藏于伪装的产房中。曹果派人来宣，坐候口北道尹和宣化镇守，使到先生家搜捕。先生乃地方名士，声望素高，道尹、镇守只好按照习俗，不入产房。一场风波乃得平息。

民国十四年（1925），宣化驻军谭庆林师步兵一营因薪饷被侵吞而哗变，抢劫四牌楼附近殷实商号，并纵火焚烧，烧毁了东、西、北三座牌楼。时师长谭庆林巡视南口，残局无人收拾，城内商民惊恐万分。刘景南以商会会长名义，担保补发军饷，方劝使哗变士兵撤出城外。

刘还精于医术，为人治病多有疗效，且不取分文，人多仰之。邑人孟光元，眼疾屡治无效。刘景南细心揣摩，终为之治愈。孟为此改名孟复明以示不忘。1930年后刘景南半身不遂，抱疾家居。1943年病逝，享年63岁。

参考文献：《宣化区志》。

魏善臣

魏善臣（1896—1944），原名春明，又名蝉，别名味蝉居士。1896年生于正定城内馆驿街（今西南街），孩提时受其舅父——正定城内名中医刘春圃的熏陶，遂萌长大后行医济世的念头。

12岁应试县立高小，名列榜首。修业两年（当时高小三年毕业），品学兼优。后随其姑丈任军文辗转浙闽数年，又从余杭章太炎受小学，从无锡丁福保受医学，从江津欧阳竟吾居士受唯识法相学。同时苦练书法，得益于张猛龙碑，对行、草、隶、篆无所不精。

民国初年，魏善臣曾在北京政府某部门任秘书。于此期间加入佛教会，利用工作余暇研究"因明学"，与张克诚、梁漱溟等共研内典，造诣颇深。

1921年，魏善臣卸职归里，在正定城内小红庙街（今四合街）创立"善臣中医学校"，收弟子约40人。善臣讲学有道，且重理论与临床结合。讲学之余，有就诊者，常有意指定弟子先行切脉、拟方，然后自己复诊，以验其弟子业精程度，所以从学者进步颇快。四年后，其弟子学成毕业，广布各地，患者受益匪浅。从学弟子中最能承嗣其医道、成绩优秀者有石怀谦、高肇增、孙桐轩、董绍明、郝增禧、王介夫等人。石怀谦业成后一度为正定名医，日军侵华时，死于日军屠刀之下。高肇增在武汉行医，享有盛名。孙桐轩曾在保定地区医院任副主任医师。董绍明在北京结核病院任主任医师。郝增禧行医于正定县郝家营村一带，医道为众推崇，20世纪70年代病殁。

魏善臣在办学期间，还编印《中医月刊》，同时担任第七中学及第八师范两校校医。他医德高尚，医术精湛，正定附近各地疑难大症，多请其医治，疗效显著。

1940年春，应北京大学哲学教授周叔迦先生邀请，受聘为北京大学讲师，讲授唯识学及佛教文学。同时在德胜门果子市开设《伤寒论》讲习班，一面门诊，一面传授医学。在中南海开办"书法讲习班"。又在瑞应寺同周叔迦居士开办中国佛学院，魏善臣任教务主任。

魏善臣为人朴实，治学严谨，多才多艺，诲人不倦，各界青年学生多敬佩之，就学、登门求教者络绎不绝。日本侵略者疑其网罗青年，借讲学、行医为掩护宣传抗日，于1944年4月5日被日本宪兵队捕去，惨遭杀害，享年49岁。

魏善臣一生著述很多，有《中医学史概要》《百病探原》《经络指掌》《医学入门》《魏氏心法妙传》《脉学初步》及医学各种讲义，另著有《饮露斋诗钞》《碑帖题跋》等。

参考文献：《正定县志》。

王　灏

王灏（1856—1944），河间束城村人，清代六品御医。幼年跟伯父学医，1886 年在天津开诊所。清末重臣李鸿章之母病重，经医治无效，后张贴告示求医。王灏前往为其母治病，服三剂中药即愈。李鸿章上奏光绪，赐六品御医。自此，名声大震，人称"河间御医王大夫"。后在本村一带行医。

1937 年"七七事变"后，束城被日本侵略军占领，该村赵德因患吐泻症，日本侵略军认为是霍乱，要连人带房一起烧掉。王灏知道后赶来为其治病，并对日本人说："他患的不是霍乱，我能治好他的病。"经过一夜的治疗，赵德的病情好转，从而挽救了他的生命。

参考文献：《沧州地区卫生志》。

刘国柱

刘国柱（1909—1945），字树仁，回族，新县镇人。1925年毕业于庆云高小，1926 年拜师学医三年，1928 年春，在家中设"刘国柱济民药堂"，坐堂行医。其医德高尚，蔑视权贵，怜惜贫苦，深得群众爱戴。

1933 年 7 月，刘国柱经王庄子地下党负责人冯宗凯介绍加入中国共产党，他的药店亦成为共产党秘密联络点。刘国柱利用职业上的便利，宣传、发动群众，趁夜间出诊贴标语、撒传单。"七七事变"前夕，他受组织派遣，去沧州学习救护工作。1938 年夏任"华北民众抗日救国军"战地救护队副队长，1940 年 7 月任"冀鲁边区回民救国总会"秘书长，1942 年兼任一分区民运部长。他经常深入敌占区活动，开辟回族地区的抗日工作。是年春，率手枪队夜间潜入敌据点附近的南皮县柳孟春村，击毙了亲日反共的伪乡长林玉成，在该村秘密建起"回民救国会"，成为敌人眼皮子下的一个抗日堡垒。

1942 年 10 月，刘国柱率一分区抗日大枪队在马辛庄过夜，被敌人包围。突围时，他胸部中弹被捕，被押往沧县。敌人劝降、施刑，均未达到目的。1944 年春，刘国柱被押往日本做劳工，是流亡党支部领导成员。他带领工友以消极怠工、破坏机器设备等手段进行斗争。1945 年 8 月，流亡党支部自日本共产党处得到日军战败的消息，立即组织难友游行示威。刘国柱站在游行队伍的最前列，日军警开枪镇压，刘国柱壮烈牺牲。

参考文献：《孟村回族自治县志》。

左致中

左致中（1863—1945），字敬斋，沧州市人。出身于中医世家，自幼随父习医，耳濡目染，尽得家传。钻研岐黄之术，颇有心得。20 岁时继承祖业仁和堂，问诊施药，惠泽一方。左氏长于内科，尤精妇科杂症，自制成药，效优于人。行医六十余载，名扬沧州，人咸服之。祖业仁和堂经其调理，得以光大。左致中关心中医发展，广招门徒，传之医术，授之药理，其训甚严，桃李硕多。1945 年无疾而终。

参考文献：《沧州市卫生志》。

王　恩

　　王恩（1864—1946），定兴南张庄村人。幼年其父死于人面疮，故矢志学医，攻克顽症，普济众生，遂博览医书，又经外祖父精心指点，医术颇有长进，连续挽救乡里危重病人，名声大震，新、定、涞、易等县患者纷纷前来就医。凡就医者，只收药费，对贫苦群众舍药治疗，众乡亲感恩戴德，集资送匾，上写"义重桑梓"。在医术上内外兼治，尤善外科。冯玉祥将军欲聘为军医，终因立志为乡里民众解除病痛而未从军。

　　参考文献：《定兴县志》。

马德宣

　　马德宣（1873—1946），字子浚，任丘郑召村人。16岁进县城读书，府试中第一名。后来，放弃会考改为学医。他行医五十多年，足迹遍及任丘、雄县、大城、新城、容城、定兴以及京津等数十县市。因医术精湛，加之一只眼失明，被当地人尊称为"瞎药王"。

　　新安县（今安新县）董士安，其母是御史的女儿，有病一年多，经当地名医和皇宫太医治疗不见好转，后来，经马德宣治疗，两剂药便痊愈。

　　邻村马兴伦的妻子病危，抬上了灵床。马德宣切脉后说："按我的药方，三剂药必好。"嘱咐罢，离开病家。出村不远，听到哭声。马德宣对送行的人说："不要紧，这是病人见到了仇人，或者有人说了难听的话。请赶紧吃药，不要耽误。"果然，病人没几天就康复了。

马德宣中年以后，不再问病，而靠望、闻、切诊断。他说："问固可以，然患者多顺言。医者必精于脉理，审于时令，度其体质，察其神色，详其呼吸，确断其病理、病状、病期，令患者心悦诚服，则效于药，事半而功倍。"

在行医实践中，他积累了大量奇方，如以猪积食治反胃，以乌鸦巢治妇女子宫大出血，以三十步拾钱法治胎哭。更善治花柳病、目疾及宿疾。

马德宣还善于书法，能写多种笔体，尤其擅长左手书写，融颜、柳为一体，古朴苍劲。

1946 年，马德宣去世，远近吊祭者达千余人。

参考文献：《任丘市志》《任县志》。

杨蔚坤

杨蔚坤（1879—1946），字子厚，柏邑之达人，居城东方鲁村（今柏乡县方鲁村）。出身于乡绅富门，祖父乃优廪生，父为举人。蔚坤自幼警敏，聪慧过人，受家庭熏陶，启蒙较早。三尺孩提，能诵《三字经》，能念《千家诗》，入私塾后更是每学一文就过目不忘。业儒，兼通算术。清光绪二十四年（1898），赵州七县数百名学子会考，名列榜首，入泮宫为生员。柏乡知县戚朝卿慕其才华，恳邀入衙辅佐县政。蔚坤胸怀大志，不愿过早周旋于官场，以"年幼无知，恐失大体"婉言谢绝，矢志求学深造，以成大器。

杨蔚坤入泮后，勤奋好学，如饥似渴，没过几年，科考内容熟记于心，四书五经，背诵如流，模拟策论，堪称为佳。并且博涉史传，兼读诸子百家，知识广博，在柏乡传为佳话。然而，杨母久病不愈，拖累蔚坤不能远游以履大志。适清戊戌变法，兴学堂，废科举，通过科举进仕为官无望，遂生不为良相便做名医之心，济世救人同样也是善举，于是，蔚坤闭门锁户，潜心研读医学名著，如《本草纲目》《伤寒论》《黄帝内经》等，无不熟记在心。走州串县遍访名医，恳求赐教临床经验。没有几年时间，蔚坤学成行医，城乡渐渐知名。

民国元年（1912），县建立议事会，杨蔚坤出任议长。在任期间，不负众望，辅佐县政，兴修水利，挖河开渠，扩耕灌溉，利在农桑，督办教育，兴建学堂，前后奔忙，不遗余力。时村民欲建学堂，杨蔚坤慷慨捐赠，民人称颂。省教育厅闻知，褒奖三等勋章一枚。

杨蔚坤公务繁忙，身份虽变，但爱惜民心不变，济世救民铭刻在心，重医德，轻钱财，求医问药，来者不拒，有求必应。他常说："有钱人家钿车来请，我去出诊。穷人家一个毛孩来叫，我也乐意徒步去治病。一人病愈，全家颜欢。"某年，柏乡县知事张增启染病命危，群医无策，百药不济，家人和皂隶已备后事，皆认为无生还之望。杨蔚坤闻知，感其为政清廉，竭力县事，急赴县衙，为其诊治，数剂草药下肚，县太爷病情骤缓，再经调理，半月康复。县官张增启携厚礼亲临杨府谢恩，赠匾额"医术高明，医德淳厚"。杨蔚坤由于掌握了丰富的医学知识，具有坚实的医学功底，许多病经他诊治，药到病除，医术高明，群众广为传播，一时，临城、宁晋、隆平等县庶民百姓慕名前来，求医问药者络绎不绝。一日，本乡一个 11 岁的丐娃，跑到县议事会请杨蔚坤为其母治病，差丁视其衣衫褴褛，断然不让去见杨蔚坤，正巧被他听见，怒斥差丁不惜民情，遂唤丐娃入室，问明情况，便随丐娃徒步出诊。宁晋一穷困老夫，晚年得子，爱若明珠。一年夏天，小儿天花，高烧不止，奄奄一息，老汉束手无策，闻知柏乡有一名医，不分贵贱，有求必应，便连夜徒步 60 余里来到柏乡。蔚坤见状，提起药箱随老汉赶赴宁晋，将病治好，分文不取。老汉家徒四壁，无以为酬，就把孩子认在杨蔚坤门下。在附近州县，如这般认在杨蔚坤门下的义子就有上百个。

杨蔚坤已是清末民初柏乡名医，尤其对儿科、妇科造诣颇深，但他并不妄自尊大，治病必专，持方谨慎，多以理学为立方之根。虽然忙于政事和治病救人，但始终不忘对医学理论的学习和研究，注重临床经验的积累，著有《理学痘疹浅说》刊于世。他的医学成就被中华人民共和国成立后出版发行的《河北医籍考》（河北人民出版社出版）一书收录。

1937 年 10 月，日军入侵柏乡，杨蔚坤背井离乡，游医在外，1946 年客死于安徽滁州，终年 67 岁。

参考文献：《柏乡县志》《中医人名辞典》《中医人物词典》《河北医籍考》。

万福同

万福同（1881—1946），字锡全，文安龙街乡万村人。13 岁，随父耕田，间做短工。18 岁始读书，十年寒窗，考为秀才。时逢辛亥革命，在家开馆教书。其胞妹，年十七，因缠足，左踝忽生一疮，缺医少药，耽搁日久，烂成大洞，四方求医，经年不愈。耳闻河间县茅门镇有丁姓外科医生，遂登门求医。谁知此医有大烟瘾，福同下跪，亦不上车，只好返回，买到几支大烟，第二趟才把丁医生接来，万福同一气之下，决心学医，并自我约法三章：终生义诊，不受礼物，贫先富后。

1932 年秋，宁津、吴桥等县灾民十多户，男女老少三十余口，提筐背篓来文安谋生，因灾罹疾，多患传染性脓疥疮，混身湿烂，痛痒难堪，不能行走。后闻万先生能医治，且不收费，便来求救。万福同先生特辟一别院供患者住宿，以悉心治疗，月余痊愈。万先生分毫不取，临走又资助路费。灾民万千恩谢，热泪涟洏。此后每逢春节，辄来二十余人拜年，至"七七事变"，联系方断。

1934年夏，炎热不雨，文安城东南一隅，霍乱流行。病人上吐下泻，顷刻即亡。有的四五口之家，无一幸免。有的村死了人没人敢抬，送死讯一人不敢出门，怕半路而亡。彼时尚无西医，万先生针灸治疗效果极佳。一时方圆几十里争来求医，万先生自夏至秋，两个多月没有进家门。自家稼穑，托于亲友。万福同先生自言曰："吾三百棵银针，救活千余条性命，此生为医，其愿足矣！"

1935年春，大城县邓家务村于某之妹30岁，患鼠疮三年，颈部烂成三个大洞，经多方治疗无效，始来求医于万先生。万福同先生曾过去他家20余次，半年后痊愈。于某感恩不尽，非令其妹拜认义父不可，三次登门恳求，万先生坚辞不认，只愿保持友谊。于某拉来大米、猪肉、点心、鲜货等满满一车，万先生固辞不收，几乎半恼，于某才拉了回去。过了几天，于某送来一块锦帐匾，挂在中堂，才算了事。从此，于某年年来拜年，直到先生谢世。

1936年冬，本县高村高某，其父患搭背疮，因无钱治疗，久烂成洞，疼痛难忍，日夜号叫。不得已，步行来万先生家求医。高村距万村八华里。本县纪屯张某，母患褥疮，亦溃破疼痛不支。张牵一驴来接万先生，高村距纪屯十二华里。本县艾子村程姓腿部患阴疽，半年不愈，不忍痛苦，令长工赶大车来接万先生。纪屯距艾子村十五华里。三人同时俱到，都想争先接走，而艾子村赶大车者气儿粗。万福同先生说："你的大车比驴快，更比步下走的快，我上你的车，可是得先上高村，再上纪屯，最后到艾子村。你如不同意，我就先跟高村的走着去，你改日再来。"就这样，依了万先生，赶着大车，先到了高村，又到了纪屯，最后才到了艾子村。贫先富后，大车作证。

1940年春，万福同携其孙乘船去大城县北桃子村探亲，正值我八路军某支队在任丘打了胜仗，在此休整，万先生的船被留下听差，先生不能按时回家，心里着急。恰在此时，忽有两战士来请万先生给队长治疮，万先生当即随往，手术后，队长给报酬并请吃饭，万先生坚辞不受，队长派人护送，且致谢意，先生说："我部队为国为民杀鬼子，百姓着实拥护，我为队长服务，也是为抗日尽一点微薄之力吧。"战士们敬礼而回。相反，黄甫据点汉奸大队长来请万先生治眼疾，万先生巧妙拒绝后，躲到远方亲戚家半个多月。万先生说："让他瞎了，省得祸害百姓。"

1946年春，刘村刘某嘴角生一烈毒大疔，扩散急剧，危在旦夕。万福同先生一夜之间，去他家四次，针刺、开刀、上药、服药，才保住性命。但万福同先生上了年纪，手术时不慎伤着自己手指，一周之后，毒发七处，因医治已晚，昏迷十日后，与世长辞，享年65岁。

万福同先生初学医进，曾为自己约法三章，贯其一生，时时如此。人之美名，流誉乡里，应引人深思矣!

参考文献：《文安人物志》。

熊绪祖

熊绪祖（1880—1947），河南店镇河一村人。最初在本村行医，以治疮为拿手，为穷人看病基本不收钱，待病人痊愈后，为其干两天农活以报恩。为富人看病后收取一部分钱，以富济穷。民国十九年（1930），熊绪祖先后在南关、索堡设私立医院，以治当时流行的黄水疮、羊胡子疮为特长。

参考文献：《涉县卫生志》。

李长儒

李长儒（1880—1947），字上珍，乳名艮成，活水村人。自幼随父习兽医，后得舅父真传，医道大进，其一生救活牲畜无数，感恩戴德者甚多，"活水李"名扬县内外。

长儒既得真传，又结合医疗实践，潜心钻研《黄帝内经》《医宗金鉴》《元亨疗马集》等经典，医术日趋神妙。凡牲畜从他面前溜过，即可诊出病证，说出病因，对症下药，少则药到病除，多则三五剂也可治愈。昔时，活水为过峻极关通山西辽州（今左权县）的驮道，往来马帮络绎，长儒之名远播邯郸、磁县、涉县、沙河、辽州等地，慕名而为牲畜求诊者甚众，门庭若市。1943年，129师骑兵团请他给200多匹战马检疫，每16匹一组，依次从他面前走过，他即可说出何毛色马匹得何病，症状如何，无一误诊、漏诊。他曾多次为驻于西井村的和平医院的奶牛、晋冀鲁豫边区政府主席杨秀峰的坐骑看病，颇受抗日军民的赞誉。

他结合多年的经验，总结出大牲畜腹痛36种、腿痛72种病证，依方下药，每有神效。尤精于大牲畜奇难怪症的治疗，如眼内横精虫，一般兽医束手无策，长儒持银针刺开天穴，虫即随水流出而病得痊愈。此外，他对治疗人的疾病如疮症及妇女产期病有绝方。他用自制的"五灵丹""三仙丹"治疗疔毒，外敷几次即可痊愈。

新中国成立后，县供销社于 1947 年 4 月请长儒到县城授徒传技，不幸于是年 8 月病逝。其子鸣声、鸣台、鸣扬秉承家传，使"活水李"兽医传于世。

参考文献：《武安县志》。

刘坦然

刘坦然（1898—1947），深县郭家屯人，生于中医正骨世家，自幼随父亲在乡里行医，医术医德渐高，闻名远近。

刘坦然在继承前辈中医正骨医术的基础上，博采中国传统正骨医术之精华，结合自己的行医实践，摸索整理出一套具有独特疗效和特点的手法复位术，并在治疗跌打损伤的中成药配制上卓有成绩。他以自己的配方制成的内服药七厘散、八厘散，功效显著。他独创的外用消肿接骨止痛膏和太乙止血散，具止血特效。他改进、创制的骨伤夹板，疗效神奇。他以高尚医德、高明医术、神奇的药效，在深县、衡水一带救死扶伤，赢得乡里群众的爱戴。

1937 年卢沟桥事变后，刘坦然目睹日寇的铁蹄践踏，忧国忧民，从而抱定以个人医术报效国家的决心。1939 年刘坦然毅然投身抗日救国行列，对在抗日战斗中的一些伤员暗中救治。1940 年春天，他把自己的祖传医术和医疗器械、器具及家藏的中草药等，全部贡献出来，在衡水城北的大麻森及北部一带村庄，办起了一所游击性的抗日后方医院，并任院长。建院初期，由于日军的经济封锁，缺少医护人员和药品，刘坦然邀请懂医术的彭福臣等入院，并让两个妹妹及儿子、儿媳也参加了医护工作。同时依靠组织派人通过敌占区购买药品，并用祖传秘方配制中药。许多身负重伤的八路军战士，在他的精心治疗和护理下，很快痊愈，重返前线。

1941 年春，刘坦然以精湛的医术，为一名叫吉田的日军俘虏成功治愈了粉碎性骨折的左臂，为此吉田很感激，后来，他参加了日军士兵组织的反战同盟。

随着敌人统治的加强，抗日进入极其艰苦的时期，刘坦然不顾个人安危，千方百计保护八路军伤员的安全。曾将双腿负重伤的县公安队副指导员高风轩藏在柴草车中骗过敌人的搜捕，转移到安全地带。1942 年，日军对我华北根据地发动空前残酷的"扫荡"，在转移后方医院 20 多名伤员后回大麻森搬取医疗器械时，刘坦然在途中与敌遭遇。鬼子把刺刀架在他的脖子上，威逼他供出八路军藏身之所。他的回答是"不知道！"鬼子气急败坏地把他押走，在被押往深县转武强的途中，在群众的帮助下，逃脱虎口，回到马家庄，继续其救护工作。

1945 年 12 月，衡水县城解放，在县政府支持下，为抗战作出五年贡献的后方医院迁入县城河西街，改名为"坦然正骨医院"。1947 年 7 月，刘坦然因积劳成疾逝世。

参考文献：《衡水地区科学技术志》。

张昶龄

张昶龄（1863—1947），赵县南冯村人，字永日，号科甲。16 岁中秀才，1888 年毕业于天津北洋师范大学，后在天津行医。擅长妇、儿诸疾，为天津三绝名医之一。日军入侵后，回乡行医，声名誉满赵县、赞皇、栾城、高邑、临城等地。

参考文献：《石家庄地区卫生志》。

王俊亭

王俊亭（1878—1948），沧县风化店乡小园村人。幼年上私塾，后向其父王春令学医，饱读医书，尽得家传。擅长中医外科，行医数十年，名望颇高，四乡感其恩惠，群众曾联合送匾两块，一匾为"望重乡邻"，再为"妙术济人"，以示谢忱。1940年去天津，给曾任福建督军的易炳臣治疗"背痈"，易感其医术超群，赠送"银尊"一对，高尺余，状如花瓶，系纯银制作，上刻"华佗再生"。王氏医术出众，药到病除，验案颇多。其子王凤芳、王凤玲亦秉承父业，扬名乡里，兼及沧州。

参考文献：《沧州市卫生志》。

高驱臣

高驱臣（1867—1949），原名亮，字驱臣。原籍山东乐陵，15岁曾赴县应童子试，归而习医。几十年潜心研究《金匮要略》《伤寒论》《证治准绳》《本草纲目》等名著，很有心得，尤对脉诀体会更深。附近乡村闻名求医者，凡经他拟方治疗，随手辄效，深受群众爱戴。

1895年迁来本县稻地（今丰南县稻地镇），时年只有28岁。因善书法，工诗文，被纳于稻地乡绅张小堂门下，受"长春堂"中药店之聘坐堂行医，头角初露。每日求治者纷至沓来，应接不暇。尤对儿妇科更见所长，且态度谦恭，平易近人，细心诊视，至痊愈为止。为致力于培养从医人才，自租房数间为药肆，取名"儒医馆"，招收生徒20人，亲自授课，三年为期出师。此举为丰南医界第一人，曾传为佳话。

年逾花甲后，遂闭门居家，遇有求医者仍不拒绝。但于门前楹柱自拟一联："年已老而身健，门虽设而常关。"以示他息影园林不再从事医业之意。1949 年因去付家屯诊治一霍乱患者被传染，返家后吐泻不止，卒然而逝，享年 82 岁。

参考文献：《丰南卫生志》。

吴心泰

吴心泰（1862—1949），字镇卿，出生于邢台县王快村。清朝光绪十一年（1885）举士不第，在家以教书为业，精通诗文，后弃儒随父学医，精心研究中医方术，潜心医伤治病，他所处的方剂，变通于古方之中，用药微妙，不是一般人能够认识的。光绪三十二年（1906），王快村温疫大流行，他制药分给病人，吃了他的药很快就好了。凡是别人医治无效的重危病人，经他诊治，救活的无数。名声大噪，乡谊敬仰，赠"风追岐黄，儒医并尊"匾额。在治病的空暇，总结经验，著有《温病验案》《疡科手稿》数册。年老愈笃，恤贫傲富，宁可徒步随诊于贫家，决不乘车马出诊富户，并倡言穷人吃药、富户还钱，贫苦人都敬仰他医德高尚。行医六十余载，所治疑难杂症数不胜数，一生手不释卷，寿登八十有七而终。子孙俱传其业，长子吴奇承父业，府县闻名。长孙吴景麟从祖父学医，曾孙吴化育从曾祖父镇卿学医，尽得其传。

参考文献：《邢台市卫生志》。

胡孝澜

胡孝澜，字雪生，祖籍密云，后迁居冀县伏家庄（今冀州区伏家庄村）。毕业于北京大学国文系，亦能书，善画葡萄，曾任定县中等学校国文教员，传拓定州魏代石刻碑文，与北京大学马衡教授商榷考订。民国十七年（1928），患白喉症，势危甚急，由城内中医赵某授以家传秘方，服药三剂而愈。其后收集冀县、束鹿（今河北辛集市）一带民间秘方，总结为《白喉治疗法》，刊载于民国十七年三月十六日《新河月刊》，或云养阴清肺汤亦效。后以肺结核卒于天津。

参考文献：《冀县志》。

刘柏林

刘柏林，字润祥，民国年间人，家住偏坡村。性格沉静寡言，精通医术，经他医治之患者，多数尽快康复，可谓妙手回春。

参考文献：《秦皇岛市海港区志》。

张元杰

张元杰，字景芳。事父母色养无违。亲殁，每岁除瞻拜遗像，竟夜涕者四十年。为文不投时好，三应试而不售，遂绝意功名。博览地理、星卜诸书，专于岐黄，而尤精于痘疹科，著有《痘科条例》，活人无算。日居矮屋，衣敝衣，着麻鞋，酒一壶，诗一卷。因酒成疾，年五十五卒。邑人齐乔年为之传。

参考文献：《民国昌黎县志校注》。

附　人物姓氏笔画索引

六画

十画

参考文献

［1］李经纬．中医人物词典［M］．上海：上海辞书出版社，1988．

［2］李云．中医人名辞典［M］．北京：国际文化出版公司，1988．

［3］郭霭春，李紫溪．河北医籍考［M］．石家庄：河北人民出版社，1979．

［4］郭霭春．中国分省医籍考［M］．天津：天津科学技术出版社，1984．

［5］陈邦贤，严菱舟．中国医学人名志［M］．北京：人民卫生出版社，1955．

［6］丹波元胤．医籍考［M］．北京：学苑出版社，2007．

［7］刘时觉．宋元明清医籍年表［M］．北京：人民卫生出版社，2005．

［8］高伟．金元医史类存［M］．兰州：兰州大学出版社，1999．

［9］徐延香．河北医籍总览［M］．北京：中国科学技术出版社，1992．

［10］徐延香，张学勤．河北医学两千年［M］．太原：山西科学技术出版社，1992．

［11］刘亚娴，史定文，杨瑞清．燕赵当代名中医［M］．北京：中医古籍出版社，1986．

［12］裘沛然．中国医籍大辞典［M］．上海：上海科学技

术出版社，2002.

[13] 刘时觉. 中国医籍续考［M］. 北京：人民卫生出版社，2011.

[14] 李经纬，余瀛鳌，蔡景峰，等. 中医大辞典（第2版）［M］. 北京：人民卫生出版社，2014.

[15] 张妥. 河北科学技术志［M］. 北京：中国科学技术出版社，1993.

[16] 贾红星. 河北科学技术史［M］. 北京：人民出版社，2013.

[17] 河北省地方志编纂委员会. 河北省志：人物志［M］. 北京：人民出版社，2005.

[18] 龚焕文. 河北省志：卫生志［M］. 北京：中华书局，1995.

[19] 骆志安. 河北古代人物综录［M］. 石家庄：河北人民出版社，1993.

[20] 张德良，马丁，许维新，等. 石家庄地区志［M］. 北京：文化艺术出版社，1994.

[21] 李建英，李新华，李登瑶，等. 石家庄市志：第五卷［M］. 北京：中国社会出版社，1995.

[22] 刘世仓，高梦仁，王建华，等. 石家庄市卫生志［M］. 石家庄：河北科学技术出版社，1993.

[23] 张秀钧，王兆成. 石家庄地区卫生志［M］. 石家庄：河北人民出版社，1990.

[24] 任爱旗. 高邑县卫生志［M］. 保定：河北大学出版社，2014.

[25] 胡南燕，高惠彬. 石家庄市科学技术志［M］. 石家庄：河北科学技术出版社，1991.

［26］刘录清，陈凤敏，李景果，等．石家庄地区科学技术志［M］．北京：新华出版社，1991.

［27］王文学．平山县科学技术志［M］．石家庄：河北科学技术出版社，1991.

［28］穆凤凯．辛集市科学技术志［M］．石家庄：河北科学技术出版社，1992.

［29］栗永，杨俊科．石家庄文史资料第十四辑：石家庄古今人物［M］．石家庄：河北人民出版社，1993.

［30］河北省赵县地方志编纂委员会．赵县古今：第一辑［M］．内部发行，1986.

［31］王登普．辛集市志［M］．北京：中国书籍出版社，1996.

［32］杨梅山．栾城县志［M］．北京：新华出版社，1995.

［33］张五岳．正定县志［M］．北京：中国城市出版社，1992.

［34］梁建楼，仇玉英，梁锁明．井陉县志［M］．北京：新华出版社，2006.

［35］梁建楼，刘喜明．井陉县志［M］．石家庄：河北人民出版社，1986.

［36］董双珍，闫玉杰．桥东区志［M］．北京：中国社会出版社，1993.

［37］何贵福，时纪元，冯庆福，等．石家庄市桥东区志［M］．石家庄：河北人民出版社，2014.

［38］何贵福．石家庄市桥东区志（2006—2014）［M］．北京：九州出版社，2015.

［39］刘庆东，李生田，常良计，等．赵县志［M］．北京：中国城市出版社，1993.

［40］李军华．赵县志（1987—2005）［M］．长春：吉林人民出版社，2011.

［41］李生田，李文进．赵县志校注［M］．内部发行，1985.

［42］李英辰，于明月，李更子．元氏县志［M］．北京：中国和平出版社，1995.

［43］张泊川，刘峰川，马建林．平山县志［M］．北京：中国书籍出版社，1996.

［44］王永德，郭玉婷．行唐县志［M］．北京：中国对外翻译出版公司，1998.

［45］刘宗城．无极县志［M］．北京：人民出版社，1993.

［46］甄民一．赞皇县志［M］．北京：方志出版社，1998.

［47］吕正操．深泽县志［M］．北京：方志出版社，1997.

［48］牛玉珂，董庆昌．灵寿县志［M］．北京：新华出版社，1993.

［49］韩书林，刘月霞．新乐县志［M］．北京：中国对外翻译出版公司，1997.

［50］赵连印，崔占吉，郭清选，等．高邑县志［M］．北京：新华出版社，1993.

［51］张喜聚．晋县志［M］．北京：新华出版社，1995.

［52］吴顺元，韩庆志．获鹿县志［M］．北京：中国档案出版社，1998.

［53］张中义，韩风杰．藁城县志［M］．北京：中国大百科全书出版社，1994.

［54］王月林，沈米贵，胡晓光．石家庄市郊区志［M］．北京：中国社会出版社，1995.

［55］康贵春．石家庄市井陉矿区志［M］．北京：新华出

版社，2007.

[56] 张俊义，甘雪婷，聂孟山，等.石家庄市长安区志 [M].北京：中国社会出版社，1997.

[57] 原兴伟.石家庄市长安区志（1991～2005）[M].北京：新华出版社，2010.

[58] 刘鹏起.衡水市志 [M].北京：民族出版社，1996.

[59] 河北省衡水市地方志编纂委员会.衡水市志：下卷 [M].北京：方志出版社，2002.

[60] 姚新年，杨友良.衡水地区科学技术志 [M].北京：中国科学技术出版社，1993.

[61] 徐学清.衡水人物志：古代近现代卷 [M].石家庄：河北人民出版社，2010.

[62] 邢彦军.饶阳人物志 [M].内部发行，2010.

[63] 周连会，李季良.景县志 [M].天津：天津人民出版社，1991.

[64] 崔衍国，李玉春，王玉玺，等.故城县志 [M].北京：中国对外翻译出版公司，1998.

[65] 王桓，步进，孙英普.枣强县志 [M].北京：文化艺术出版社，1994.

[66] 崔振明，连文中.阜城县志 [M].北京：中国文联出版公司，1998.

[67] 乔居，李山锦，孟宪英.冀县志 [M].北京：中国科学技术出版社，1993.

[68] 王建斌，李君侠，赵新春.安平县志 [M].北京：中国社会出版社，1996.

[69] 孟祥寅.深县志 [M].北京：中国对外翻译出版公司，1999.

［70］胡卓川，纪铁榜，王振邦．饶阳县志［M］．北京：方志出版社，1998.

［71］李玖柱．武强县志［M］．北京：方志出版社，1996.

［72］李根旺．武邑县志［M］．北京：方志出版社，1998.

［73］陈朝卿．邯郸市志［M］．北京：新华出版社，1992.

［74］李仁，陈静岐．邯郸市卫生志（1814—1985）［M］．内部发行，1987.

［75］付正良．涉县卫生志［M］．北京：学苑出版社，2015.

［76］王学臣．丛台区志［M］．北京：新华出版社，1998.

［77］卢双强，韩鸿博，岳红军．复兴区志［M］．中国县镇年鉴社，1999.

［78］陈贵璋，康怀玉．邯山区志［M］．合肥：安徽人民出版社，1991.

［79］张敏．邱县志［M］．北京：方志出版社，2001.

［80］赵彩林，马相会，任乃堂，等．涉县志［M］．北京：中国对外翻译出版公司，1998.

［81］孙作家．磁县志［M］．北京：新华出版社，2000.

［82］王学贵．魏县志［M］．北京：方志出版社，2003.

［83］王福建，胡明政，赵钰．肥乡县志［M］．北京：方志出版社，2001.

［84］李金国，刘增才．广平县志［M］．北京：文化艺术出版社，1995.

［85］郝向礼，黄浩，张子欣，等．临漳县志［M］．北京：中华书局，1999.

［86］李拴庆．武安县志［M］．北京：中国广播电视出版社，1990.

［87］侯廷臻．峰峰志［M］．北京：新华出版社，1996.

［88］侯建国，李修文，张泮池，等．曲周县志［M］．北京：新华出版社，1997.

［89］李振江，王炳起，陈荣庆．鸡泽县志［M］．北京：方志出版社，2002.

［90］霍文山，刘诗奇．永年县志［M］．北京：中华书局，2002.

［91］陈奇龄，陈献德，刘梦岚，等．大名县志［M］．北京：新华出版社，1994.

［92］常运锋，温士林，陈永庆．成安县志［M］．北京：新华出版社，1996.

［93］任润刚．馆陶县志［M］．北京：中华书局，1997.

［94］丁向平，徐书新，李振强．邯郸县志（1986—2002）［M］．北京：方志出版社，2003.

［95］连廷书，马振兴，商学英．邯郸县志（1985）［M］．北京：中国人事出版社，1993.

［96］贾奉朝．邯郸县志（2003—2016）［M］．北京：线装书局，2016.

［97］齐家璐，董耀会．秦皇岛市志［M］．北京：方志出版社，1999.

［98］王岳辰，齐家璐，康占忠，等．秦皇岛市志：第九卷［M］．天津：天津人民出版社，1993.

［99］孙继胜．秦皇岛市志（1979—2002）：下卷［M］．北京：方志出版社，2009.

［100］陈玉成．秦皇岛市科学技术志［M］．北京：中国科学技术出版社，1994.

［101］田悦编，李卓然，么振海．秦皇岛市地方志：卫生志［M］．石家庄：河北人民出版社，1990.

［102］马誉峰.秦皇岛人物志［M］.北京：中央文献出版社，2009.

［103］政协山海关区委员会文史委员会.山海关文史资料：第4辑［M］.内部发行：秦文准字（95）023号，1995.

［104］吴松生，印宝富，管振勋.北戴河志［M］.天津：天津人民出版社，1994.

［105］陈雨时.昌黎县志［M］.北京：中国国际广播出版社，1992.

［106］何志利.民国昌黎县志校注［M］.北京：中国文史出版社，2015.

［107］彭勃，李永泰.卢龙县志［M］.天津：天津人民出版社，1994.

［108］康占忠.抚宁县志［M］.石家庄：河北人民出版社，1990.

［109］窦连起，司凤岐，张椿林，等.山海关志［M］.天津：天津人民出版社，1994.

［110］赵士杰，孙文周.秦皇岛市海港区志［M］.内部发行，1990.

［111］秦皇岛海港区地方志编纂委员会.秦皇岛市海港区志（1983—2002）［M］.北京：方志出版社，2009.

［112］胡广利.青龙满族自治县志［M］.北京：中国城市出版社，1997.

［113］曹渊，黄志强.廊坊市志：第三卷［M］.北京：方志出版社，2001.

［114］鲁克深.文安人物志［M］.北京：解放军出版社，2003.

［115］史增尚.固安人物志［M］.北京：中国文史出版

社，2015.

[116] 杨馨远. 大城人物志［M］. 内部发行，2015.

[117]《廊坊安次志》编修委员会. 廊坊安次志（下）［M］. 北京：中国文史出版社，2010.

[118] 王军，李国江，王明，等. 廊坊市广阳区志［M］. 北京：方志出版社，2012.

[119] 金城，刘亚寰. 三河市志［M］. 北京：中国文史出版社，2001.

[120] 金城. 三河县志［M］. 北京：学苑出版社，1988.

[121] 李玉川，任子义，缴世忠，等. 大城县志［M］. 北京：华夏出版社，1995.

[122] 徐志敏，马维林，李玉亮，等. 大城县志（1989—2006）［M］. 石家庄：河北人民出版社，2011.

[123] 赵复兴，苗禾，洪丙君. 固安县志（1996）［M］. 北京：中国人事出版社，1998.

[124] 洪丙君. 固安县志（1997—2009）［M］. 北京：方志出版社，2016.

[125] 崔伟基，刘从智，张秀勤，等. 霸县志［M］. 石家庄：河北人民出版社，1989.

[126] 许生，王佩君，马慧琴. 香河县志［M］. 北京：中国对外翻译出版公司，2001.

[127] 邢宪昌，刘炳，王文新，等. 永清县志［M］. 石家庄：河北人民出版社，2000.

[128] 吕炳忠. 文安县志［M］. 北京：中国社会出版社，1994.

[129] 唐国生. 文安县志（1986—2008）［M］. 北京：九州出版社，2017.

［130］王庆元，刘力．大厂回族自治县志（1955—1985）［M］．北京：中国画报出版社，1995.

［131］李桂强，杨宝军，杨春利．大厂回族自治县志（1986—2004）［M］．北京：民族出版社，2010.

［132］保定市地方志编纂委员会．保定市志：第四册［M］．北京：方志出版社，1999.

［133］霍振彩．保定市科学技术志［M］．北京：新华出版社，1991.

［134］欧阳维．保定市卫生志［M］．北京：新华出版社，1992.

［135］盛志杰，何平均，郭建祥，等．定州市科学技术志［M］．北京：社会科学文献出版社，1990.

［136］崔兴无，高继政，安国辉，等．保定医药志［M］．北京：中国文史出版社，1992.

［137］杨见瑞，袁德根，马兆民．祁州中药志［M］．石家庄：河北科学技术出版社，1987.

［138］张继宗．定州人物志［M］．北京：海洋出版社，2010.

［139］孙进柱．保定人物志［M］．北京：中央文献出版社，2011.

［140］邹瓒．顺平现代人物志［M］．北京：文物出版社，1999.

［141］王者山，张玉红，张玉珠．阜平县现代人物志［M］．内部发行：冀出内准字（2000）第 AB0030 号，2002.

［142］王同敬，范进宝，于秀梅，等．涞水县志［M］．北京：北京燕山出版社，2000.

［143］刘鹏江，张玉林，许宗阳，等．望都县志［M］．

北京：方志出版社，2004.

　　［144］鲁春芳．蠡县志［M］．北京：中华书局，1999.

　　［145］程玉波．博野县志［M］．北京：新华出版社，1996.

　　［146］韩爱菅．曲阳县志［M］．北京：新华出版社，1998.

　　［147］张增德，宋进良．高阳县志［M］．北京：方志出版社，2015.

　　［148］史丽荣，史简，刘然，等．涿州志［M］．北京：方志出版社，1997.

　　［149］陈瑞泉，于秀花，赵臣山．易县志［M］．北京：中央编译出版社，2000.

　　［150］杨秉诚，薛庚田．容城县志［M］．北京：方志出版社，1999.

　　［151］康景文，刘曙光，王春华．满城县志［M］．北京：中国建材工业出版社，1997.

　　［152］张孝琳，张永庆．唐县志［M］．石家庄：河北人民出版社，1999.

　　［153］张僧元，侯云波，王玉宝．清苑县志［M］．北京：新华出版社，1991.

　　［154］李保同，徐若愚，赵有仁．涞源县志［M］．北京：新华出版社，1998.

　　［155］李静．涞源县志（1979—2009）［M］．郑州：中州古籍出版社，2017.

　　［156］王重朴，刘克勤，任翠兰．定兴县志［M］．北京：方志出版社，1997.

　　［157］王国祥．徐水县志［M］．北京：新华出版社，1998.

　　［158］李凤昆．雄县志［M］．北京：中国社会科学出版

社，1992.

[159] 高明乡.阜平县志 [M].北京：方志出版社，1999.

[160] 韩占军，张奇，邹瓒，等.顺平县志 [M].北京：中华书局，1999.

[161] 白晓津，臧思阳.保定市南市区志 [M].北京：新华出版社，1990.

[162] 赵英，朱孟申.安国县志 [M].北京：方志出版社，1996.

[163] 李爱国，辛惠英，高宝珠，等.白洋淀志 [M].北京：中国书店，1996.

[164] 高俊杰，周润彪.安新县志 [M].北京：新华出版社，2000.

[165] 王福田，马玉松，成国申，等.定州市志 [M].北京：中国城市出版社，1998.

[166] 刘继敏.保定市新市区志 [M].内部发行：冀新出印字第 221 号，1989.

[167] 吴金贵.保定市北市区志 [M].北京：新华出版社，1991.

[168] 王府田，武进忠，闫建章，等.定州市叮咛店区志 [M].内部发行，1992.

[169] 张永.涞水县三坡志 [M].内部发行，1986.

[170] 李志军，刘志培.高碑店市志 [M].北京：新华出版社，1997.

[171] 孟庆斌.沧州市志：第四卷 [M].北京：方志出版社，2006.

[172] 吕士荣，李学军，张继红.沧州市科学技术志 [M].天津：天津科学技术出版社，1993.

［173］张萌．沧州地区科学技术志［M］．天津：天津科学技术出版社，1989．

［174］马振芳，郝玉华，武洪斌．沧州市卫生志［M］．北京：中医古籍出版社，1997．

［175］张宝恕，张耀庭．沧州地区卫生志（1867—1988）［M］．内部发行：沧出准字（1991）006 号，1991．

［176］吴荣勋，林玉香．沧州科学技术人物志［M］．石家庄：河北人民出版社，1999．

［177］赵景春．河间人物志［M］．北京：书目文献出版社，1994．

［178］王志成，孟繁庭，王权国．沧州市城区志：运河、新华区［M］．北京：方志出版社，1996．

［179］刘金泉．肃宁县志［M］．北京：方志出版社，1999．

［180］赵景春．河间县志［M］．北京：书目文献出版社，1992．

［181］赵景春．河间县志［M］．北京：中国三峡出版社，2003．

［182］王畏．吴桥县志［M］．北京：中国社会出版社，1992．

［183］孙杰．任丘市志［M］．北京：书目文献出版社，1993．

［184］张泊生，夏和民，陈对望，等．泊头市志［M］．北京：中国对外翻译出版公司，2000．

［185］秦焕泽，范雅玲，刘建福，等．献县志［M］．北京：中国和平出版社，1995．

［186］白焕宗．献县志略［M］．河北省沧州地区行政公署地名领导小组办公室出版，1982．

[187] 崔守禄，王振声. 沧县志 [M]. 北京：中国和平出版社，1995.

[188] 刘云甲，王振声. 沧县志（1986—2004）[M]. 北京：线装书局，2011.

[189] 祝延青，任浩新. 孟村回族自治县志 [M]. 北京：科学出版社，1993.

[190] 韩长斌，赵金锁. 东光县志 [M]. 北京：方志出版社，1999.

[191] 张爱国. 盐山县志 [M]. 天津：南开大学出版社，1991.

[192] 杨庆礼. 黄骅县志 [M]. 北京：海潮出版社，1990.

[193] 田汝汾. 南皮县志 [M]. 石家庄：河北人民出版社，1992.

[194] 赵永生. 南皮县志（1987—2006）[M]. 天津：天津科学技术出版社，2011.

[195] 褚学发，陈国民，艾东风，等. 青县志 [M]. 北京：方志出版社，1999.

[196] 杨双发. 海兴县志 [M]. 北京：方志出版社，2002.

[197] 靳宝峰，孟祥林. 唐山市志：第5卷 [M]. 北京：方志出版社，1990.

[198] 孔繁志，刘惠民，齐晓宇，等. 唐山市科学技术志 [M]. 天津：天津科学技术出版社，1988.

[199] 蒋沛琴，崔淑梅. 乐亭县科技志 [M]. 内部发行，1987.

[200] 王绍田，韩中成. 滦县卫生志 [M]. 天津：天津

市人民出版社，1999.

[201] 周茂荣. 丰南县卫生志 [M]. 内部发行，1988.

[202] 李明贵. 丰润名人 [M]. 中共丰润县委党史研究室出版.

[203] 王从政，王建之，马玉文. 丰润县志 [M]. 北京：中国社会科学出版社，1993.

[204] 潘贵存，孙雅丽. 唐山市丰润区志（1978—2005）：下卷 [M]. 北京：方志出版社，2010.

[205] 朱继经. 丰南县志 [M]. 北京：新华出版社，1990.

[206] 李继隆. 丰南县续志 [M]. 北京：方志出版社，2003.

[207] 刘宗沛. 唐山市东矿区志 [M]. 北京：中国和平出版社，1994.

[208] 韩彦敏，冯军. 唐山市新区志 [M]. 北京：中华书局，1993.

[209] 孟祥川，王凤龙. 唐海县志 [M]. 天津：天津人民出版社，1997.

[210] 李述，王明树，李宗纲. 开平区志 [M]. 天津：天津人民出版社，1998.

[211] 李述.《开平区志》附书 [M]. 天津：天津人民出版社，2010.

[212] 阎景新. 唐山市开平区志（1987—2008）[M]. 北京：方志出版社，2016.

[213] 田军民，肖波. 迁安县志 [M]. 北京：中国社会出版社，1994.

[214] 王铁志，张建宁，郭锡瑞，等. 唐山市路南区志

[M]. 北京：海潮出版社，2000.

[215] 杨居斗，高金山. 唐山市路北区志 [M]. 北京：中华书局，1999.

[216] 夏庆明，吴尔亮. 玉田县志 [M]. 北京：中国大百科全书出版社，1993.

[217] 韩彦敏，冯军. 唐山市新区志 [M]. 北京：中华书局，1993.

[218] 潘秀华，孙万忠. 迁西县志 [M]. 北京：中国科学技术出版社，1991.

[219] 王义钧. 滦南县志（0000—1987）[M]. 北京：生活·读书·新知三联书店，1997.

[220] 刘占才. 滦南县志（1979—2005）[M]. 北京：新华出版社，2010.

[221] 陈明广，樊宝章，门东建. 滦县志（1986—2003）[M]. 北京：方志出版社，2006.

[222] 樊宝章. 滦县志（923—1985）[M]. 石家庄：河北人民出版社，1993.

[223] 王文清，张自勇，刘连艳. 乐亭县志 [M]. 北京：中国大百科全书出版社，1994.

[224] 张显忱，赵晓东，关文俊，等. 遵化县志 [M]. 石家庄：河北人民出版社，1990.

[225] 张家口市地方志编纂委员会. 张家口市志：下卷 [M]. 北京：中国对外翻译出版公司，1998.

[226] 杨文. 涿鹿县卫生志 [M]. 内部发行.

[227] 阳原县卫生志编委会. 阳原县卫生志 [M]. 内部发行，1988.

[228] 安庆义. 蔚县卫生志 [M]. 蔚县人民政府卫生局

出版，2003.

[229] 李殿光．康保县卫生志（1949—2009）［M］．北京：中国文史出版社，2011.

[230] 刘海林，王彪，张宏光．张家口人物志：古代·近现代卷［M］．北京：党建读物出版社，2005.

[231] 胡大德．怀安人物志［M］．政协怀安县委会编：冀出内准字（2000）第 AZ014 号，2000.

[232] 石尚德．尚义人物志［M］．政协怀安县委会编：冀出内准字（2000）第 AZ014 号，2000.

[233] 徐有祥．尚义县志［M］．北京：方志出版社，1999.

[234] 贾富海，高世福．沽源县志［M］．北京：中国三峡出版社，2003.

[235] 陈家明．宣化县志［M］．石家庄：河北人民出版社，1993.

[236] 张祥，张连香，李大舟，等．宣化区志［M］．西安：三秦出版社，1998.

[237] 阳原县地方志编纂委员会．阳原县志［M］．北京：中国大百科全书出版社，1997.

[238] 李全玉．怀安县志［M］．北京：中国社会出版社，1994.

[239] 李建华，侯亮，王江，等．怀来县志［M］．北京：中国对外翻译出版公司，2001.

[240] 郭德忠，高桂珍．蔚县志［M］．北京：中国三峡出版社，1995.

[241] 郭德忠，高桂珍．蔚县续志［M］．内部发行：张家口市文化局张出准字〔内〕第 96073 号，1996.

［242］王金城，柳玉山．万全县志［M］．北京：新华出版社，1993．

［243］董海燕，高卓瑞，吕鸿年．万全县志（1989—2005）［M］．长春：吉林人民出版社，2011．

［244］于伯良．康保县志［M］．北京：新华出版社，1991．

［245］蒲游江，梁文献．赤城县志［M］．北京：改革出版社，1992．

［246］李怀全，李智昌．涿鹿县志［M］．石家庄：河北人民出版社，1994．

［247］王建国，岳晓云，李怀全．涿鹿县志（续修版）［M］．内部发行，2000．

［248］涿鹿县地方志编纂委员会．涿鹿县志（1989—2009）［M］．石家庄：河北人民出版社，2014．

［249］萧承乾，赵一星，黄祝福，等．崇礼县志［M］．北京：中国社会出版社，1995．

［250］尹自先，赵仲．张北县志［M］．北京：中国社会科学出版社，1994．

［251］郑铭．张北县志（1989—2006）：上册［M］．石家庄：河北人民出版社，2010．

［252］邢台市地方志编纂委员会．邢台市志：下册［M］．北京：中国对外翻译出版公司，2001．

［253］邢台市卫生志编辑委员会．邢台市卫生志［M］．内部发行：冀邢市准字 XT—005，1992．

［254］邢台地区行署史志办公室．邢台地区志：医疗卫生［M］．内部发行，1983．

［255］边守正．邢台概览［M］．北京：北京图书馆出版

社，2001.

［256］鞠朝武．邢台史话［M］．北京：人民日报出版社，2003.

［257］李宗爱．沙河县志人物集（663—1940）［M］．北京：人民日报出版社，2002.

［258］韩秋长，张进斌，牛志斌，等．内丘县志［M］．北京：方志出版社，2006.

［259］张进斌，安根成．内邱县志［M］．北京：中华书局，1996.

［260］王自发，冯世山．巨鹿县志［M］．北京：文化艺术出版社，1994.

［261］张春起，赵希文，乞志岩．南宫市志［M］．石家庄：河北人民出版社，1995.

［262］安志辉．新河县志［M］．北京：方志出版社，2000.

［263］沈世远，宋福成．清河县志［M］．北京：中国城市出版社，1993.

［264］赵志均，尹焕民，杨双柱，等．柏乡县志［M］．北京：方志出版社，2000.

［265］夏存为，马继军．平乡县志［M］．北京：方志出版社，1999.

［266］李夫燕，方海滨．临西县志［M］．北京：中国书籍出版社，1996.

［267］董树仁．隆尧县志［M］．北京：生活·读书·新知三联书店，1998.

［268］刘保华，周连淼．广宗县志［M］．北京：方志出版社，1999.

［269］杨一明，任书香．南和县志［M］．北京：方志出版社，1996.

［270］刘汝福，李万贤，王明哲．邢台县志［M］．北京：新华出版社，1993.

［271］张桂菊．威县志［M］．北京：方志出版社，1998.

［272］陈振斌．任县志［M］．北京：中华书局，2000.

［273］张枫林，黄文海，史凤山．宁晋县志［M］．北京：中华书局，1999.

［274］徐宏．宁晋县志（1979—2008）［M］．北京：方志出版社，2013.

［275］张月民．沙河市志［M］．北京：生活·读书·新知三联书店，1994.

［276］王聚泰．桥东区志（邢台）［M］．北京：中国工人出版社，1992.

［277］杨生林．临城县志［M］．北京：团结出版社，1996.

［278］邢燕群，王富鹏．承德市志：第四卷［M］．北京：新华出版社，2009.

［279］刘仲发．承德市科学技术志［M］．北京：中国科学技术出版社，1992.

［280］袁涤心．承德市科协志（1959—1988）［M］．内部发行，1990.

［281］王福悦，崔玉莲．隆化县志［M］．石家庄：河北人民出版社，2001.

［282］李欣．承德县志［M］．赤峰：内蒙古科学技术出版社，1998.

［283］崔璞，孙旭明．滦平县志［M］．石家庄：河北人

民出版社，2006.

[284] 张文长，计俊录，杨秀林. 滦平县志 [M]. 沈阳：辽海出版社，1997.

[285] 马铁松. 丰宁满族自治县志 [M]. 香港：世界文艺出版社，2005.

[286] 马铁松. 丰宁满族自治县志 [M]. 北京：中国和平出版社，1994.

[287] 杨振国，姜晓华. 围场满族蒙古族自治县志[M]. 沈阳：辽海出版社，1997.

[288] 王满. 宽城县志 [M]. 石家庄：河北人民出版社，1990.

[289] 吴宝泉. 平泉县志（1993—2005）[M]. 北京：方志出版社，2011.

[290] 宋海，丁孜，王蔺，等. 平泉县志 [M]. 北京：作家出版社，2000.

[291] 赵珊，王庆生. 兴隆县志 [M]. 北京：新华出版社，2004.

[292] 张家口市桥西区地方志编纂委员会. 张家口市桥西区志 [M]. 内部发行，1991.

[293] 刘承华. 邢台市桥西区志 [M]. 石家庄：河北人民出版社，1993.

[294] 王乃民，王德山，李学荣. 承德市双滦区志[M]. 北京：方志出版社，2016.